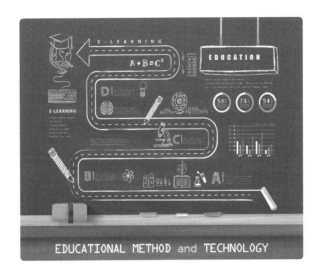

EDUCATIONAL METHOD and TECHNOLOGY

교육방법 및 교육공학

| 박은숙 · 송윤희 · 유정아 공저 |

학지사

최근 첨단 정보기술의 발달로 인하여 교육환경에도 지속적인 변화가 진행되고 있다. 교육환경의 변화는 교수학습의 패러다임을 바꾸고 있으며, 이로 인하여 교실현장에서는 다양한 매체 기반의 교수학습 방법이 활용되고 있다. 특히 e-러닝, m-러닝, u-러닝, 블렌디드러닝 등이 강조되고 있으며 OCW(Open Course Ware), MOOC(Massive Open Online Course) 등의 확대로 콘텐츠의 공유와 활용이 확산되고 있어 향후 교육방법은 더욱 빠르게 변화할 것으로 예측된다. 이 책은 이러한 교육환경 변화의 흐름을 이해할 수 있도록 도우며, 교직을 이수하는 예비교사뿐만 아니라 현직 교사 그리고 교육에 관심을 가진 일반인들에게 교수학습이론, 교수학습 방법, 수업설계, 현재와 미래 교육의 방향 등을 살펴볼 수 있는 기회를 마련해 준다.

이 책은 총 4부, 10개장으로 구성되어 있다. 도입 부분인 제1부에서는 교육방법 및 교육공학의 기초적인 이해를 돕기 위해 교육방법의 개념과 유형, 교육공학의 개념, 역사 및 영역을 살펴본다. 제2부는 교육방법 및 교육공학의 이론적 배경으로 교수학습이론, 커뮤니케이션이론, 매체이론, 교수설계이론을 다룬다. 교수학습이론에서는 행동주의, 인지주의, 구성주의 이론을 다룸으로써 교수학습 과정에서 중요한 시사점을 제시한다. 커뮤니케이션이론에서는 개념과 주요 학자의 모형을 살펴봄으로써 교수학습 현장에서 일어나는 커뮤니케이션 현상에 대한 이해를 돕고, 매체이론에서는 매체의 개념, 유형 및 효과를 개괄하고 교수매체의 선정과 활용에 대한 실제적 사항을 살펴본다. 교수설계이론에서는 개념과 모형, 주요 학자의 이론을 전반적으로 살펴봄으로써 교수학습의 과정을 이해하고 개선하는 데 도움을 준다. 제3부는 교육방법 및 교육공학의 활용으로 학습자 중심 교육방법, ICT 활용교육과 원격교육, 수업실행에 대한 실제적인 측면을 다룬다. 학습자 중심 교육방법에서는 자기주도학습, 협동학습, 자원기반학습, 문제기반학습, 프로젝트중심학습, 액션러닝 등에 대해 살펴봄으로써 최근 수업에서 다양하게 활용되는 교육방법을 알아본다. ICT 활용교육에서는 ICT 소양교육과 ICT 활용교육의 비교, ICT 활용교육의 유형 및 특징 등을 다루며, 원격교육에서는 그 개념, 역사, 장단점, 원격교육 매체선정을 위한 모형을 살펴본다. 수업실행에서는 수업설계, 수업계획안 작성, 수업평가 영역을 토대로 수업진행에 대한 구체적인 내용을 다룬다. 제4부에서는 교육방법 및 교육공학의 전망과 향후 변화를 예측해 본다. 즉, 교수학습의 패러다임 변화, 공학의 발전과 교수학습 환경의 변화, 교수학습이론 및 방법의 변천과 동향 등을 다룬다.

이 책은 매년 예비교사를 대상으로 하는 교직과목으로서 교육방법 및 교육공학을 교수하며 어떻게 하면 실제적인 지침을 가르쳐 줄 수 있을지에 대한 저자들의 고민에서 시작되었다. 특히 저자들은 교육방법 및 교육공학에 나오는 용어나 이론에 대해 생소해 하며 내용을 다소 어렵게 느끼는 예비교사들의 모습을 종종 발견하곤 하였다. 따라서 이미 교육방법 및 교육공학에 관한 책이 다수 발간되었음에도 예비교사에게 교육방법 및 교육공학의 이론과 실제를 좀 더 쉽게 설명하고, 교육현장에 필요한 내용을 정확히 제시하기 위해서 이 책을 출간하기로 결심한 것이다. 이 책을 통해 독자들이 교육방법과 교육공학의 전반적인 내용에 대해 이해하고 적극적인 관심을 가질 수 있기를 바란다.

2015년 9월
저자 일동

차 례

제1장 교육방법

1. 교육방법의 개념

교육방법이란 교육의 목적을 달성하기 위해 필요한 모든 수단과 방법의 총칭으로, '어떻게 가르칠 것인가'를 포괄하는 개념이다. 또한 교사가 학습을 발생시키는 것을 목적으로 설계, 개발, 적용, 관리, 평가를 하는 데 있어서 필요로 하는 지식과 실행력이라 할 수 있다. 즉, 교육방법은 특정한 목적에 도달하지 못한 현재의 상태를 전제로 하고 있어서, 이루고자 하는 목적에 도달하기 위한 이론적 지식과 이를 실현시킬 수 있는 '수단'이나 '계획적 조치'를 취하는 절차와 수행 능력을 포함하는 것이다(변영계, 김영환, 손미, 2007).

교육방법의 개념은 학자에 따라 다음과 같이 다양하게 정의되어 왔다.

"교육방법은 교육목표를 성공적으로 달성하기 위하여 선정된 교육과정(curriculum)을 학습자에게 효과적으로 제시하는 형태 또는 전달수단이다."(한정선 외, 2008a)

"교육방법은 학습 목표에 맞는 내용을 효과적으로 전달하고 학습 활동을 지원하기 위해 사용하는 방법이다."(김신자, 이인숙, 양영선, 1999)

광의적인 의미에서의 교육방법은 '교육의 과정(process of education)'으로 볼 수 있으며 교육목적의 탐구, 교육과정의 구성, 수업, 교육의 평가, 생활지도와 같은 영역을 포함한다. 협의적인 의미에서의 교육방법은 '가르치는 방식'이나 '수업목표를 달성하기 위해 사용하는 효과적·효율적인 수업방식'을 의미한다. 즉, 교수자가 교육내용을 학습자에게 '어떻게 가르칠 것인가'에 대한 개념으로 이해할 수 있다.

따라서 교육방법의 협의적 의미는 교수방법이며, 교수전략은 보다 구체적인 방법을 말한다. 교수전략은 교육방식을 달성하기 위해 고안된 구체적인 활동이므로, 교수체제의 전체적인 운용방식인 교육방법과는 구별되어 사용된다(한정선 외, 2008). 즉, 교수전략이란 특정 교수목표를 효과적으로 성취하기 위하여 어떤 교수내용과 과정을 사용할 것인가에 대한 전반적인 계획을 말한다(교육심리학용어사전, 2000). 교수전략은 교수학습에 대한 철학(발견학습, 수용학습), 학습 집단의 단위(개별, 소집단, 대집단), 통제 중심(교사 주도, 학생 주도, 혼합), 그리고 환경(교실 환경, 시설)과 같은 교수변인에 따라 결정된다.

좋은 교육방법의 세 가지 요소에는 효과성, 효율성, 매력성이 있다(백영균 외, 2010).

① 효과성: 목표로 하는 학습이 성취되고, 학습된 내용이 오랫동안 기억되고 전이(transfer)되며, 다른 지식과 기술에도 일반화된다.
② 효율성: 목표를 달성하기 위해 새로운 지식과 기술을 획득하는 데 있어서 시간과 비용 대비 효과가 높아 경제성이 있다.
③ 매력성: 교수자와 학습자가 교수학습 과정 중, 즐겁게 참여하며 흥미와 매력을 느끼게 함으로써 학습자에게 동기를 부여한다.

교사, 학생, 교육내용과 같은 주요 변인들이 수업의 질을 결정하게 되는데, 교육방법은 이러한 요소 간의 긴밀한 관계를 맺어 주는 작용을 한다고 볼 수 있다. 교육방법 선정을 위해서는 다음과 같은 점을 고려해야 한다(이용환, 2001).

① 학습하게 될 과제의 특성을 파악하여 과제의 특성에 맞는 학습 모형을 선정한다.
② 비용과 시간을 고려하여 교육방법을 선정한다.
③ 학습자의 특성과 동기부여, 준비도, 지능, 자아개념 등의 정도에 따라 학습 결과와 학습 효과에 차이가 있음을 고려한다.
④ 학습 환경과 상황이 학습자의 학습 목표 성취에 영향을 미칠 수 있음을 인지한다.

2. 교육방법의 유형

교육방법은 교수학습의 전체 과정 중에서 잘 가르치기 위한 조건으로 가장 중요한 것이라 할 수 있다. 교육방법을 탐구해야 하는 필요성을 정리해 보면 다음과 같다(이성호, 1999).

첫째, 오늘날 제기되는 교수자의 문제점 가운데 교육방법으로부터 비롯되는 문제가 다수 있으므로, 이를 보완하기 위해서는 다양하고 유연한 교육방법을 활용할 필요가 있다. 교수자는 학생들과의 상호작용을 통해 자신의 지식과 경험을 효과적으로 전달하는 부분에 대해 비교적 많은 어려움을 겪고 있는 것으로 알려져 있다. 또한 교수자가 가르치는 능력을 구비하고 있을지라도 여러 가지 상황에 따라 가르칠 수 있는 시간적 · 경제적 여유가 없거나, 과중한 수업 부담, 과도한 업무 등으로 인하여 교수자의 교수방법에 제한이 따를 수도 있다. 따라서 교사는 학생들에게 학습 동기를 부여하기 위해 학습자의 다양성을 이해하고 학습자 개개인의 차이에 따라 맞춤식 수업을 제공할 수 있는 교육방법을 유연하게 사용할 수 있어야 한다.

둘째, 전인적인 교육과 인성교육이 이루어지기 위해 교수자의 교수행위는 전인적이어야 한다. 또한 교수자는 학습자의 다양한 특징과 배경, 자아개념, 학습양식 등을 진단함으로써 학습자의 창의적이고 지적인 사고의 과정을 개발시키기 위한 환경을 조성해야 한다.

셋째, 교수자의 교수방법에 대한 명확한 이해를 통해 교수전략을 다양하게 활용할 수 있어야 한다. 이는 교수방법의 신중한 선택이 교수학습 효과의 극대화를 가져올 수 있기 때문이다. 또한 교수자의 교수방법은 학습자의 태도, 참여도, 주의집중, 이해 등에 많은 영향을 미친다. 따라서 교수자가 수업상황에 따라 최선의 교수방법과 전략을 선정 및 활용하는 것은 교육에 있어서 매우 주요한 사안이라 할 수 있다.

주어진 수업상황에서 효과적인 학습 목표를 달성하기 위해 교육방법은 다양한 유형으로 발전해 왔다. 교수학습 환경, 교수학습에 대한 관점, 교수학습 주체, 교육내용 및 성과, 교수학습 집단의 크기, 커뮤니케이션 유형에 따라 교육방법의 유형을 분류하면 〈표 1-1〉과 같다(이미자 외, 2011; 이화여자대학교 교육공학과, 2001; Smaldino, Lowher, & Russell, 2011).

정인성(1990)은 의사소통 유형에 따라 교육방법 〈표 1-2〉와 같이 강의형, 토론형, 협동학습, 개인교수형, 실험형으로 구분하였다.

교육방법의 유형은 교수학습을 보는 두 가지 관점인 '지식의 수용'과 '지식의 발견'에 따라 구분할 수 있다. '지식의 수용'이란 가르치거나 학습되어야 하는 내용을 교수자가 학습자에게 전달하고 학습자는 전달된 지식을 수용하여 완전하게 학습하는 것을 말하며 강의법, 시범, 프로그램학습이 여기에 포함된다. '지식의 발견'이란 교수자와 학습자 모두가 지금까지 발견하지 못한 새로운 지식을 발견하는 방법을 말하며 발견학습, 토론학습, 문답법이 여기에 해당된다.

❖ 표 1-1 ❖   교육방법의 유형

분류 기준	종류
교수학습 환경	• 면대면: 대부분의 교수방법 • 온라인: 컴퓨터 네트워크 등을 이용한 교수방법
교수학습에 대한 관점	• 수용학습: 강의법, 시범, 프로그램학습, 인턴십 • 발견학습: 문제해결법, 역할극, 시뮬레이션, 게임, 브레인스토밍, 버즈훈련, 스스로 학습법 등
교수학습 주체	• 교사 주도: 강의법, 시범, 팀티칭, 반복연습, 개인교수 • 학습자 주도: 협동학습, 토의법, 문제해결법, 시뮬레이션, 게임, 문제중심학습 등
교육내용 및 성과	• 지식습득: 강의법, 시범, 문답법, 프로그램학습 • 문제해결: 토의법, 역할극, 게임, 협동학습
교수학습 집단의 크기	• 대집단(40명 이상): 강의법, 시범 • 중집단(20~40명): 전형적인 교실수업 • 소집단(2~20명): 토의법, 역할극, 집단게임, 소집단 협동학습, 실험, 현장실습, 현장견학 • 개인(1명): 개별지도
커뮤니케이션 유형	• 0:1 커뮤니케이션 – 독학, 스스로 학습법 • 1:1 커뮤니케이션 – 프로그램학습, 인턴십, 도제제도 • 1:소 커뮤니케이션 – 토의법, 협력학습, 역할극, 현장학습 • 1:다 커뮤니케이션 – 강의법, 문답법, 시범, 현장견학 • 다:다 커뮤니케이션 – 팀티칭

❖ 표 1-2 ❖   의사소통 유형에 따른 교육방법의 분류

	교육방법 유형	구체적 교육방법
강의형	• 강의자가 학습자에게 정보를 전달하는 형태	• 강의법, 질문법, 시범, 면담학습, 동료학습
토론형	• 학습자 간의 의견교환을 통해 지식을 습득하거나 태도를 형성하는 형태	• 원탁토의, 배심토의, 심포지엄, 공개토의, 대화식 토의, 세미나, 버즈훈련, 브레인스토밍 등

협동학습	• 공동의 목표설정, 목표달성을 위한 구성원 간의 상호의존, 개별책무성, 도움제공, 동등한 성공기회 제공	• 학습 내용 제시 • 다양한 구성원으로 이루어진 팀원들의 협력을 이끌어 내기 위한 팀빌딩 및 팀규칙 마련 • 개별학생의 학습성취평가 • 우수팀 선정 및 보상
개인교수형	• 교수자와 학습자가 일대일로 만나 정보를 교환하는 형태	• 프로그램학습, 코칭, 인턴십, 도제제도
실험형	• 교수자료를 활용하여 학습하는 형태	• 서류함기법, 감수성 훈련, 모의실험, 게임, 사례연구, 실험, 현장견학, 현장실습, 연습, 역할극

출처: 정인성(1996).

❖ 그림 1-1 ❖ 교수학습관에 따른 교육방법의 분류

1) 강의법

강의법은 동서고금을 막론하고 가장 많이 사용되는 교수법 중의 하나다. 유정아(2010)가 한국의 중고등학교 교원들을 대상으로 선호하는 교수방법과 가장 많이 활용하는 교수방법을 조사한 결과에 따르면, 가장 많이 활용하고 있는 교수방법은 강의법이고, 근소한 차이를 보이고 있기는 하지만 가장 선호하는 교수법도 강의식과 질문식(문답식)으로 나타났다.

강의법은 설명형 교수법으로 불리기도 하는데, 이는 교수자가 설명하고자 하는 내용을 구성하여 학습자들에게 설명하거나 전달하는 방법이기 때문이다. 강의법은 기본 전제가 '가르쳐질 내용'을 잘 '전달'하는 것이다. 즉, 강의 시간에 전달해야 하는 내용이 중심이 되고, 교수자는 그것을 잘 구조화해서 설명한다. 학습자는 전달된 내용을 잘 수용하는 것이 기본이다. 그러므로 이 교수방법에서는 학습자의 흥미나 동기를 먼저 고려하지 않는다고 볼 수 있다.

강의법은 가르칠 내용이 많고 주어진 시간이 짧을 때 효율적으로 활용할 수 있다. 대부분의 교수상황은 가르칠 내용은 많고 주어진 시간이 부족하므로 이 방법은 실제 교육상황에서 자주 활용되고 있다.

강의법의 장점은 적은 시간 동안 다수의 학생에게 많은 지식을 전달할 수 있다는 효율성이다. 그러나 강의법을 활용하는 교수자의 지식과 그것을 전달하는 방식에 전적으로 의존하므로 지식과 내용을 전달하는 교수자의 자질에 따라 수업의 효과가 극명하게 차이가 날 수 있다는 단점이 있다. 학습자의 흥미를 고려하기보다는 전달할 내용에 초점을 맞추기 때문에 교수자는 학습자의 흥미나 수준을 미리 고려해야 하고, 강의법으로 설명을 진행하는 중에 학습자들의 이해 수준에 차이가 있을 경우 임기응변으로 강의 내용을 조절하는 것이 필요하다. 또한 학습자들의 개인차를 고려하기 어려운 방법이므로, 그들의 개인차를 조절할 수 있는 다른 방법을 혼용하여 활용하여야 한다.

2) 시범

시범은 숙달된 교수자가 모델이 되어 학습자들에게 가르칠 기술이나 행동을 시범 보이는 방법을 말한다. 일반적으로 예체능 계열과 기술 계열에서 자주 활용하는 교수방법이다. 강의법이 교수자가 학습자들에게 학습되어야 할 '지식'을 체계적으로 정리하고 계열화하여 전달하는 것이라면, 시범은 교수자가 학습자에게 학습되어야 할 '기술' '태도' '행동' 등을 시범 보여서 전달하는 교수자 중심의 교수방법이다. 최근에는 교수매체의 발달로, 교수자가 직접 시범을 보이는 경우와 교수매체를 통해 시범을 보이는 경우로 나눌 수 있다.

시범은 학습자가 학습해야 할 기술, 태도, 행동이 이미 숙달한 교수자에 의해

진행되는 것이므로 교수자가 기술을 직접 전수할 필요가 있을 때에 효과적이다. 그러나 이 방법 역시 교수자의 기술, 태도, 행동에 전적으로 의존하여 진행되는 방법이므로 교수자의 자질에 따라 학습 효과의 차이가 날 수 있다. 또한 일대일로 진행되지 않을 경우 교수자의 업무가 증가할 수 있고, 학습자가 많은 경우 효과적인 시범이 이루어지지 않을 수 있다. 그러므로 시범수업을 효과적으로 진행하기 위해서는 수업을 돕는 조력자가 필요하고, 그 조력자들은 교수자가 보이는 시범에 따라 학습자들이 제대로 수행하고 있는지 확인하고 점검하는 역할을 해야 한다.

3) 프로그램학습

프로그램학습은 1926년 프레시(Pressey)의 논문인 「테스트하고, 채점하고, 가르칠 수 있는 간단한 장치(A Simple apparatus which Gives Tests and Scores-and Teaches)」에서 소개되었다. 프로그램학습은 기본적으로 스키너(Skinner)의 강화이론에 근거하는 교수방법으로서 학습되어야 할 내용을 작은 덩어리로 나누어서 단계를 만들고, 각각의 단계를 완성해 나가면 전체를 숙달하게 된다는 전제를 가진다. 즉, 프로그램학습은 학습에 대한 절차성과 체계성을 강조하고, 명확한 학습목표 제시, 자세한 학습 행동 분석, 학습자 반응 통제와 이에 대한 피드백, 총괄적학습 평가를 강조한다.

프로그램학습은 학습 내용을 계열화하여 그것을 숙달하는 데 초점을 두고 있으므로 가르쳐야 하는 지식이나 행동, 태도, 기술 등에 모두 적용 가능하다. 프로그램학습의 원리는 다음과 같다(박영주, 1988).

첫째, 작은 단계의 원리이다. 프로그램학습에서는 학습할 내용을 계열성과 체계성에 따라 작은 단계로 구분하고, 각 단계를 쉬운 단계에서부터 어려운 단계로 나열한다.

둘째, 능동적 반응의 원리이다. 프로그램학습에서의 각 단계는 학습자들의 적극적이고 능동적인 학습 참여를 요구한다. 이는 학습자들이 적극적 · 능동적으로 활동할 때 프로그램학습의 효과가 나타난다는 것을 의미한다.

셋째, 즉각적 확인의 원리이다. 프로그램학습에서는 학습자들이 각 단계에 맞게 학습을 할 때, 학습자들의 반응에 대해서 즉각적인 확인을 통해 피드백을 제공해 준다. 이런 즉각적 확인을 통해 학습자들은 자신의 학습 결과를 신속하게 깨닫고 학습 행동을 변화시킬 수 있다.

넷째, 자기 속도의 원리이다. 프로그램학습의 각 학습 단계는 학습자 개개인의 학습 속도를 반영한다. 같은 수업 시간에 많은 수의 학습자가 프로그램학습의 절차를 따른다고 가정할 때, 각각의 학습자는 자신의 학습 속도에 따라 학습을 진행하게 되고, 다른 학습자와 비교하기보다는 스스로의 학습 결과에 대해 반응하면서 학습 목표를 달성하게 된다.

다섯째, 자기 보상의 원리이다. 프로그램학습에 참여하는 학습자들은 자신의 학습 결과에 따라 학습 진도를 결정하고, 학습 성과에 따라 보상받으며 학습을 진행하게 된다.

프로그램학습의 장점은 학습자 개인의 진도에 따라 학습이 진행되므로 과도한 경쟁이나 교수자 중심의 일제식 수업에서 벗어날 수 있다는 것이다. 그러나 프로그램학습으로 구성될 수 있는 학습 내용에는 한계가 있고, 완벽한 프로그램학습을 구성하기에는 어려움이 있다는 단점이 있다.

4) 발견학습

브루너(Bruner)가 소개한 발견학습은 학습 과정을 학문 탐구의 방법과 일치시키려는 시도에서 시작되었다. 그는 어떤 학문 분야에 통달한 학자라면 자신이 알고 있는 학문 탐구의 내용을 초등학생이 이해할 수 있을 정도로 쉽게 설명할 수 있어야 한다고 말한다. 이와 마찬가지로 초등학생이라도 학문 탐구의 기본적인 원리에 익숙하다면 그 학문 분야를 통달한 학자가 발견한 학문 탐구과정에 참여할 수 있다고 보았다. 발견학습은 학습자가 학습 주제에 대해서 주의 깊게 탐구하고, 관찰하여 진리를 발견하는 것을 말한다. 이런 과정은 학문 탐구의 과정과 일치하며, 어떤 학자가 중요한 사실이나 지식 혹은 진리를 발견했다면 그것을 발견하기까지의 과정이나 환경을 학습자가 똑같이 밟도록 하여 이미 발견된 학문적 지식과 진리의 탐구과정의 즐거움을 맛보도록 한다. 이런 학문 탐구의 즐거움을 느낀 학습자들은 자신이 학습의 주체가 되어 새로운 것을 계속 탐구하고 발견하게 되는 능동적인 학습자가 될 수 있다.

발견학습의 과정은 과학 분야에서 많이 활용하는 귀납적 방식이라 할 수 있다. 발견학습은 일반적으로 4단계로 이루어진다. 과제 파악, 가설 설정, 가설 검증, 결과 도출 및 적용이 그것이다. 발견학습의 장점은 학습자가 능동적이고 적극적으로 학습에 참여하도록 할 수 있고, 학문 탐구의 즐거움을 맛보게 하여 학습의 주체가 되도록 한다는 점이다. 반면, 학습자들이 적극적으로 참여하지 않을 때 학습이 실패로 돌아갈 수 있고, 지식을 발견하는 데 오랜 시간이 소요될 수 있으며, 학습자들의 개인차로 인해 학습 진행이 어려울 수 있다는 단점이 있다.

5) 토론학습

토론학습은 학습 내용을 교수자가 준비하는 것이 아니라, 학습자들이 준비하여 발표하고 그것에 대해서 논의하는 과정을 통해 새로운 지식을 학습하는 방법이다. 토론학습으로 활용되는 방법에는 패널토의, 심포지엄, 세미나 등이 있다.

패널토의는 패널로 구성된 소집단의 토의를 청중이 방청하는 형식으로 진행된다. 3~4명의 패널이 학습 주제에 대해서 각자의 의견을 준비해 오고 그것에 대해서 순서대로 발표한 후, 진행자가 토론을 진행하는 형태를 말한다. 토론이 진행될 때는 청중에게서 질문을 받을 수 있고, 질문을 받은 패널은 적절한 답을 준비하여 청중에게 답을 해 주어야 한다. 패널토의는 일정의 학습 주제에 대해서 찬반토론으로 진행될 때 효과적이다.

심포지엄은 발표자로 선정된 3~4명이 다양한 측면에서 학습 주제에 대해 조사하고 발표를 하는 형태이다. 심포지엄이 어떤 분야의 전문가가 발표자로 선정되는 것이라면, 세미나는 참석한 모든 참여자가 특정한 주제에 대해서 정보를 공유하고 교환하며 그 정보를 분석하고 평가하여 결론을 도출하는 형태이다. 그러므로 세미나 형식으로 토론학습을 진행할 경우에는 모든 학생이 참여하여 결론을 도출하는 데 기여하게 해야 한다.

　토론학습의 장점은 다양한 학습자가 학습 주제를 학습하는 것과 동시에 의사소통 기술, 토론 기술, 결론 도출방식 등 다양한 학습 기술을 발달시킬 수 있다는 점이다. 하지만 토론학습에 익숙하지 않은 교수자와 학습자가 참여할 경우 토론 과정이 자연스럽지 않을 수 있고, 소수의 학습자에 의해 토론이 진행되거나 반대로 토론이 과잉되어 진행이 어려울 수 있다는 단점이 있다.

6) 문답법

　문답법은 소크라테스가 제자들을 양성하는 과정에서 활용했다고 하여, 소크라테스식 대화법 또는 산파술로 불리기도 한다. 이 방법은 학습자에게 학습과 관련된 다양한 질문을 하여 학습자가 학습 내용에 대해서 생각하고 답을 찾도록 하는 방법이다.

　질문의 유형은 '예' '아니요'로 간단히 답할 수 있는 것에서부터 깊게 생각해서 의견을 말해야 하는 질문까지 다양하다. 질문의 유형은 학습해야 할 개념, 원리 및 절차에 대한 학습자의 이해력을 묻는 질문, 주어진 상황에 대한 응답의 이유 및 방법을 설명해야 하는 질문, 어떤 상황에 대한 분석과 자신의 의견을 밝혀야 하는 질문 등 다양하다.

　문답법의 장점은 학습자의 학습 동기를 고취시키고, 학습해야 하는 이유를 깨닫게 한다는 데 있다. 그러나 학습자가 많을 경우 소수의 학생에게만 질문이 집중될 수 있기에 적절한 문답법으로 학습을 진행하기 위해서는 교수자의 숙련된 진행 능력이 요구된다. 문답법은 학습자가 스스로 자신의 생각과 의견을 더 정교화하고 발전시키며 평가하도록 유도할 필요가 있다. 문답법의 단점은 일방적인 대화로 지속적인 문답이 이루어지지 못할 가능성이 있다는 점이다.

제2장 **교육공학**

1. 교육공학의 개념

　교육공학의 개념은 종종 과학적인 지식을 활용하여 무엇인가를 만들어 내는 공학적인 학문으로 잘못 이해되거나 기계와 컴퓨터를 가지고 교육을 대신하고자 하는 것으로 오해되기도 한다. 교육공학의 원어는 'Educational Engineering' 이 아니라 'Educational Technology' 이며, 미국에서는 'Educational Technology' 대신 'Instructional Technology' 'Instructional System' 'Instructional Technology' 를 사용하여 '교수체제공학' '교수체제' 그리고 '교수공학' 의 측면을 강조하고 있다. 이는 '교수' 라는 단어가 테크놀로지의 기능을 더 잘 설명하고 있기 때문인 것으로 볼 수 있으나, '교육' 이라는 단어는 학교, 사회, 회사 등 어느 환경에서도 '교수' 라는 단어보다 보편적으로 사용되고 있다. 따라서 교육공학은 학습자의 수행과 학습을 강조하는 '수행공학(Performance Technology)' 또는 '학습공학(Learning Technology)' 이라는 용어를 사용하여 탐구의 과정을 강조한다. 즉, 교육공학은 단순히 과학의 원리를 적용하는 것이 아니라 교육에 대한 원리를 탐구하는 것을 강조한다(권성호, 2006).

교육공학에서는 시청각 기자재의 활용과 교수매체의 중요성을 강조한다. 그러나 교수매체를 강조하는 것은 교육공학의 일부분이며, 실제로 교육공학의 활용과 적용 범위는 매우 넓다. 교육공학의 목적은 새로운 기술을 활용하여 교사와 학생 그리고 학생과 학생 간의 의사소통과 상호작용을 높이는 것이므로, 교육공학은 오히려 인간과 인간 사이의 의사소통과 상호작용을 촉진하는 인간화 교육과 실천적 영역을 강조한다고 볼 수 있다.

보다 분명한 교육공학의 개념과 정의를 위해서는 공학의 개념과 의미에 대한 이해가 필요하다. 공학(technology)의 어원은 희랍어인 'techne'와 'logos'의 합성어에서 유래되었는데, 'techne'는 '예술(art)' '기예(craft)' '기술(skill)'의 의미를 가지고 'logos'는 학문에 대한 탐구의 의미를 가진다. 즉, 인간 학습에 관련된 모든 영역에 있어서 문제 해결이 필요한 곳은 과학적 이론과 법칙을 필요로 한다고 볼 수 있다. 따라서 공학은 과학적 지식을 다루는 모든 학문과 관련이 있으며 교육의 실제와 관련된 문제를 해결하기 위해 여러 가지 측면에서 도입되고 있다. 공학과 교육공학의 연관성은 다음과 같다(Galbraith, 1967).

① 공학은 문제 해결에 대한 관심을 가지고 있다. 교육공학 역시 교육에서의 문제, 교수 또는 수업에서 발생하는 문제에 대한 최적의 해결안이나 처방을 제시한다.
② 공학은 과학적이고 조직화된 지식에 기초를 둔다. 교육공학 역시 학습 또는 수업에 관한 축적된 과학적 지식을 바탕으로 교육과 수업에서 발생하는 문제를 공학적인 차원에서 해결하려고 노력한다.
③ 공학은 체계적이고 체제적인 특징을 지닌다. 교육공학에 있어서 체계 혹은 체제적 접근은 복잡한 문제의 해결을 위해 관련된 다양한 요소 간의 상호 보완적인 관계에 대한 이해를 기초로 한다.

이와 같은 공학과 교육공학의 관련성은 교육공학이 단순한 매체의 개발과 활용이라는 범주를 넘어 보다 광범위하게 공학적으로 교육활동을 안내하는 학문임을 보여 준다. 즉, 교육공학은 "교육의 방법론적 문제를 해결하기 위하여 관련된 과학적 지식 또는 일반적으로 조직화된 지식을 체계적으로 적용하기 위한 학문 영역"이다(박성익 외, 2007).

이와 같은 공학에 대한 이해를 기초로, 여러 학자가 교육공학을 어떻게 정의해 왔는지 살펴보도록 하겠다. 미국의 교육공학회는 교육공학의 개념을 "학습을 위한 과정과 자원을 설계, 개발, 활용, 관리, 평가하는 이론과 실제"로 정의하였다 (Seels & Richey, 1994). 교수공학협회에서는 교육공학을 "보다 효과적인 교수를 위하여 인간 학습과 커뮤니케이션에 관한 연구에 바탕을 두면서 인적·물적 자원을 통합하여, 구체화된 목표를 가지고 교수-학습의 전 과정을 설계하고 전개하며 평가하는 체제적 방법"으로 정의하였다. 교육공학정의연구위원회에서는 "교육공학이란 모든 인간 학습에 포함된 문제들을 분석하고, 그 해결책을 고안, 실행, 평가, 관리하기 위하여 사람, 절차, 아이디어, 장치 및 조직을 포함하는 복합적이며 통합적인 과정"으로 정의하였다(AECT Definition and Terminology Committee, 2004). 이에 따르면 교육공학은 인간 학습의 모든 측면에 관련된 문제들을 해결하는 교육의 분야라고 볼 수 있으며, 매체를 통한 학습과 관리체제를 포함하는 교수지원체제를 의미한다.

교육공학정의연구위원회에서 내린 정의를 중심으로 실천적인 측면에서 교육공학의 특징을 살펴보면 다음과 같다(AECT Definition and Terminology Committee, 2008).

① 인간 학습을 향상시키기 위하여 또는 인간 학습의 최적화를 위하여 다양한 교수학습 요인들을 체계적 혹은 체제적으로 적용하고 조작하는 것과 관련된 실제적인 이론이다.
② 학습 활동, 학습 환경, 학습자, 교수자, 교수방법, 교수학습 내용, 교수매체, 도구 등의 교수학습 요인들이 있다.

③ 교육공학의 목적은 '인간 학습의 향상'이나 '인간 학습의 최적화'이다.
④ 심리학의 이론적 원리에 기초를 두며 테크놀로지의 과학적 또는 조직화된
  지식의 실제적 과제에 대한 체계적이고 체제적인 방법과 적용을 강조한다.

이와 같은 교육공학의 특징들을 종합하여 교수학습에서의 교육공학의 개념을
정의하면 다음과 같다(권성호, 2006).

"교육공학이란 학습자의 창조적 사고와 효율적인 학습을 위해 공학적 원리와
기법이 교육과 훈련 분야에 적용되는 모든 경우를 말하며, 문제 해결을 위해 학습
과정과 자원의 설계, 개발, 활용, 관리, 평가를 간학문적인 접근을 통해 설계, 개
발 그리고 연구하는 실천적 학문이다."

교육공학의 특징을 보여 주는 용어들은 다음과 같다(권성호, 2006).

① 공학(technology): 현실 문제에 과학적이며 조직적인 지식을 체계적으로 적용
  하는 탐구의 과정을 의미한다.
② 과정(processing): 특정 결과를 얻기 위한 일련의 활동으로 교수설계, 학습 자
  원 개발 등에 전문화된 절차를 적용하여 체제적으로 접근(systems approach)
  한다.
③ 자원(resource): 학습자를 돕기 위한 사람, 도구, 테크놀로지 및 자료 등을 포
  함한다. 지역 자원, 전문가, CD-ROM이나 홈페이지, 디지털 미디어, 서적
  및 인쇄물과 같은 미디어 등이 여기에 해당된다.
④ 창출(creating): 형식적·비형식적인 다양한 학습 환경의 조성과 관련되는 연
  구, 이론, 실천을 의미하며, 접근방법에 따라 활동이 다양해진다.
⑤ 활용(using): 학습자가 학습 환경과 자원을 사용하는 것과 관련된 이론과 실
  천을 의미한다. 활용은 적절한 방법과 자원의 선택에서 출발하며, 자료가
  대상과 목적에 부합하는지에 대한 평가에 근거하여 적합한 선택이었는지를
  결정한다.
⑥ 학습(learning): 정보를 기억하는 것 외에도 이해하기와 분석하기, 적용하여

활동하기 등을 포함한다.

⑦ 관리(managing): 시청각센터의 운영 관리, 미디어 개발이나 교수개발 과정에서 관여하는 프로젝트 관리, 원격교육 관리, 인사 및 정보 관리, 질 관리 등이 있다.

⑧ 수행(performance): 새로이 습득한 기술을 사용하여 실제 상황에 적용할 수 있는 학습자의 능력을 의미한다. 교수(instruction), 도구, 인센티브, 조직 변화, 직무설계 등을 사용하여 수행 능력을 개선할 수 있다.

2. 교육공학의 역사

1) 시각교육

초기의 교육공학은 시각교육(visual education)으로부터 시작되었다. 1900년대 전후에 미국은 다양한 교육 프로그램을 개발하고 시각매체를 보급하였다. 1920년대부터는 수업에서 시각매체의 활용이 더욱 활성화되고, 사진, 무성영화 등에 대한 관심의 증대와 더불어 시각교육에 대한 체계적인 연구도 활성화되었다. 이러한 변화에 발맞춰 미국은 1932년 전국교육연합회(National Education Association) 산하에 시각교육국(Division of Visual Instruction: DVI)을 설치하였다. DVI의 초대 회장인 호번(Hoban)은 지적 경험을 일반화하는 데 있어 시각 자료의 필요성을 주장하였으며 매체 분류도를 통해 시각 자료와 교육과정의 통합을 시도하였다. 그는 추상적 개념을 돕거나 학습자의 흥미를 향상시키기 위해 시청각 자료를 활용해야 한다고 주장하였다(Hoban, 1937).

[그림 2-1]은 호번의 매체 분류도를 보여 준다. 그는 구체성과 추상성을 기준으로 매체를 10개로 구분하였는데, 언어, 도표, 지도, 회화 및 사진, 슬라이드, 입체도, 필름, 모형, 실물, 전체장면이 해당된다. 언어는 추상성이 매우 높은 매체이고, 실물이나 전체장면은 사실적이면서 구체성이 매우 높은 매체이다.

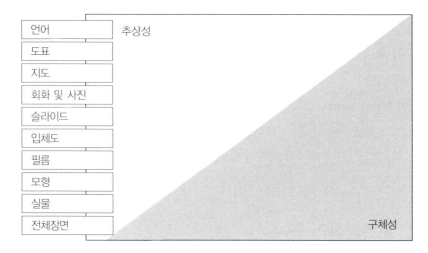

❖ 그림 2-1 ❖ 호번의 매체 분류도

출처: Hoban(1937).

2) 시청각교육

제2차 세계대전을 전후로 군사교육을 위해 무성영화와 청각 자료가 효과적으로 활용되었고 축음기의 보급, 음향 녹음 기술의 발달, 유성영화의 출연 등으로 시청각매체에 대한 교육적 활용이 활성화되었다. 따라서 DVI는 시청각매체에 대한 효과적 지원을 위해 1947년에 시청각교육국(Department of Audio-Visual Instruction: DAVI)으로 변경되었다. 시청각교육(audio-visual education)의 목적은 슬라이드, 녹음, 영화, 라디오, 텔레비전 등을 통해 학습자의 학습 효과를 향상시키는 것이었다. 시청각교육 이론과 자료의 활용에 기여한 모형으로는 데일(Dale)의 경험의 원추가 대표적이다. 데일은 호번의 개념을 발전시켜 구체적인 경험부터 상징적인 언어까지 11단계로 분류하였다. 이러한 경험의 원추는 브루너(Bruner)가 주장한 행동적 · 영상적 · 상징적 표현방식으로 구분할 수 있다.

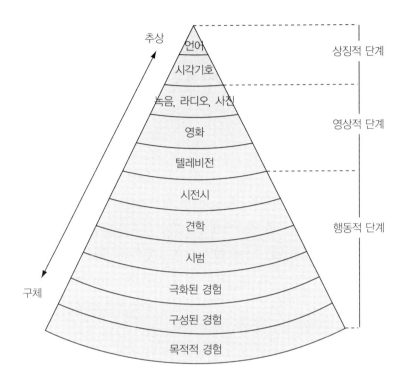

추상

언어

시각기호

녹음, 라디오, 사진

영화

텔레비전

시전시

견학

시범

극화된 경험

구성된 경험

구체

목적적 경험

상징적 단계

영상적 단계

행동적 단계

❖ 그림 2-2 ❖ 데일의 경험의 원추

출처: Dale(1964).

3) 시청각통신

1950년대에 들어서면서 시청각통신(audio-visual communication)이 발전하였고, 이는 시청각교육의 한계를 뛰어넘어 통신 및 의사소통 과정에서 매체를 활성화하는 계기가 되었다. 시각 자료와 시청각 자료는 일방향 자료이다. 시각 자료는 인간의 시각을 자극하는 자료이고, 시청각 자료는 인간의 시각과 청각을 자극하는 자료이다. 여기에 통신(communication)의 개념이 추가된 것은 단순히 일방향의 '자료'의 의미에서 한 차원 높아진 '쌍방향 통신'을 가능하게 한다. 즉, 교수자와 학습자가 자료를 중심으로 양방향 의사소통이 가능하게 되고, 그만큼 교육환경도 풍성하게 된 것이다.

통신의 개념이 들어오면서 교수자와 학습자는 시간과 공간의 제한을 극복하게 되었고, 학생 수의 제한도 어느 정도 사라지게 되었다. 우편물이나 방송을 통하여 교수학습이 이루어지면서 시공간과 학생 규모의 제약을 벗어난 또 다른 형태의 교수학습이 가능하게 된 것이다.

4) 교수공학

1960년에 이르러 행동주의, 체제이론과 교수개발이론을 기반으로 교수공학(Instructional Technology)의 개념이 형성되었다. 교육공학 분야가 점차 발달해 가면서 시청각교육국은 1970년에 미국 교육공학회(Association for Educational Communication and Technology: AECT)로 개칭되었다. AECT에서는 교수공학을 "인간 학습과 통신이론에 기반을 두고 특정한 학습 목표에 따라 교수학습의 전 과정을 설계하고 실행하고 평가하는 체계적 방법이며, 더 효과적인 수업을 끌어내기 위하여 인적 자원과 비인적 자원을 적절히 결합하여 사용하는 체계적 방법"이라고 정의하였다. 교수공학은 행동주의를 토대로 한 교수기계, 프로그램학습, 체제접근의 영향을 받았다.

스키너(Skinner)는 행동주의를 기반으로 교수기계(teaching machine)를 개발하여 교수공학 성립에 커다란 영향을 미쳤다. 교수기계는 학습자가 푼 문제의 답에 대한 정답과 오답 여부를 즉각적으로 피드백해 줌으로써 교수의 역할을 대신 수행하였으며, 체계적인 강화와 목표 달성에 따른 준거지향평가 등이 강조되었다. 프로그램학습은 학습 목표를 달성하기 위해 자극과 반응의 원리를 토대로 학습 내용을 프로그램화한 것을 의미한다. 프로그램학습은 학습 과제를 작은 단계로 구분하며 필요한 절차에 따라 수업 배열 순서로 개발된다.

한편, 이 시기에는 교수공학에 대해 수업의 보조물로 매체를 활용하는 관점에서 벗어나 수업 전반에서 매체를 활용하는 체제적 관점으로 접근하게 되었다. 또한 체제이론을 기반으로 수업을 문제 규명, 분석, 설계, 실행, 평가하는 교수개발(instructional development)이 발전되었다.

5) 교육공학

1970년대에는 교수공학의 개념이 보다 확대되어 복합적이고 통합적인 개념의 교육공학(Educational Technology)이 형성되었다. 1977년 AECT는 교육공학의 개념을 "모든 인간 학습에 포함된 문제들을 분석하고, 그 해결책을 고안하고 실행하며 평가와 관리를 위해 인간, 절차, 아이디어, 기자재 및 조직을 포함한 복합적이고 통합적인 과정" 이라고 정의하였다(AECT, 1977).

3. 교육공학의 영역

1994년 미국 교육공학회(AECT)는 교육공학의 연구 영역을 설계, 개발, 활용, 관리, 평가의 다섯 가지 영역으로 구분하여 제시하였다. 각각을 살펴보면 다음과 같다(AECT, 2008).

1) 설계 영역

설계 영역은 수업목적을 달성하기 위해 학습 목표, 방법 및 전략을 기획하고 학습 경험의 안내에서 수업과정에 이르기까지 전체를 기획하는 활동을 포함한다. 설계의 하위 영역으로는 교수체제 설계, 메시지 디자인, 교수전략 등이 있다.

2) 개발 영역

개발 영역은 설계과정을 통해 나온 명세서에 근거하여, 구체적인 교수자료를 만드는 매체 제작과정이다. 개발 영역의 하위 영역으로는 인쇄매체, 시청각매체, 컴퓨터 관련 매체, 통합매체 등이 있으며, 최근에는 멀티미디어 등의 최첨단 테크놀로지를 기반으로 하는 매체를 활용한 교육 프로그램이 개발되고 있다.

3) 활용 영역

활용 영역은 효과적인 학습을 위해 절차나 자원을 사용하는 행위에 관한 연구
영역으로, 교수매체의 체제적 설계나 제작에 비해 오랫동안 교수에 활용되어 온
영역이다. 활용의 하위 영역으로는 매체 활용과 보급, 수행 및 제도화, 정책과 규
제 등이 있다.

4) 관리 영역

관리 영역은 미디어센터와 미디어 프로그램의 운영에서부터 발전하였으며,
실제적인 활용이 중요시됨에 따라 일반 관리이론이 적용되고 채택되었다. 관리
의 하위 영역으로는 프로젝트 관리, 자원 관리, 전달체제 관리 그리고 정보 관리
가 있다.

5) 평가 영역

평가는 설계, 개발, 활용, 관리 등의 교육공학적 과정과 결과물의 가치를 결정
하기 위해 정보를 제공해 주는 활동으로 다양한 이론적 틀 속에서 실행되어 왔다.
평가는 프로그램이나 프로젝트의 과정 혹은 산출물인 교수자료, 목표, 교육과정
의 질과 효과 등에 대한 가치를 결정하게 된다. 평가의 하위 영역으로는 준거지향
평가, 규준지향평가, 형성평가, 총괄평가 등이 있다.

교수학습이론

제3장

인간의 학습 행위는 20세기 초 손다이크(Thorndike), 파블로프(Pavlov), 스키너(Skinner) 등과 같은 행동주의자들에 의해 연구되기 시작하였다. 학습이란 주어진 환경 속에서 지속적인 경험으로 인해 일어나는 행동의 변화를 의미한다. 또한 행동의 변화란 타고난 반응 경향, 성숙 또는 피로나 약물에 의한 일시적 상태의 변화가 아닌 환경과의 상호작용으로 인해 후천적으로 얻어지는 대체적으로 영속적이고 안정적인 변화를 말한다. 이러한 영속적이며 안정된 형태의 행동의 변화가 학습의 필요 요소라는 공통적인 관점에 대해서는 다소 해석의 차이가 있는데, 이러한 차이를 기준으로 학습 이론은 행동주의, 인지주의, 구성주의로 구분된다.

1. 행동주의

행동주의에서는 학습을 '환경 조성에 따른 학습자의 행동의 변화' 로 정의하면서 인간의 행동을 대부분 학습된 것으로 간주한다. 따라서 학습이란 신체적 피로 혹은 약물 등에 의한 일시적인 변화가 아닌, 비교적 지속적인 행동의 변화를 의미한다. 행동주의에서는 학습을 자극에 대한 유기체의 반응으로 보고, 학습자는 주위 환경의 자극에 수동적으로 반응하는 존재라고 여긴다. 따라서 행동주의는 관찰 가능하고 측정 가능한 행동 동사로 학습 목표를 진술하고 이러한 학습 목표를 성취하기 위한 교수활동을 수행하는 것을 강조한다. 또한 학습 정보를 작은 묶음 단위로 순차적으로 제시하고 학습의 결과에 대해 긍정적 강화를 제공하는 것과 교수매체를 활용할 것을 강조한다.

행동주의는 다음과 같은 가정을 전제로 한다(백영균 외, 2010; 조규락, 김선연, 2006; 홍기칠, 2012).

① 모든 생물학적 종은 동일한 방식으로 환경과 상호작용한다. 따라서 동물 실험의 결과로부터 파생된 학습 원리는 인간에게 그대로 적용할 수 있다.
② 인간을 유기체, 즉 복잡한 생물학적 기계로 간주한다. 따라서 인간 행동은 복잡하지만 예측 가능하며, 예측 가능하기 때문에 행동의 수정이 가능하다.
③ 눈으로 관찰되지 않는 현상은 객관적으로 수량화할 수 없다. 따라서 인간 행동은 관찰 가능한 것만 연구해야 한다.
④ 환경은 행동이 이루어지도록 작용하는 변인이다. 따라서 행동의 변화는 환경이 개체에 작용하여 나타난 결과이다.

1) 파블로프의 고전적 조건화이론

고전적 조건화이론(classical conditioning theory)은 구소련의 대뇌생리학자인 이반 파블로프(Ivan Pavlov)가 제기하였다. 파블로프는 자신의 실험에서, 개에게 먹이를 주면 타액이 분비되는데 종소리(조건자극)를 울리면서 개에게 먹이(무조건자극)를 주는 행동을 반복하면 먹이를 주지 않아도 종소리(조건자극)만 울리면 타액분비(조건반응)가 이루어지는 현상을 관찰하였다. 파블로프는 이같은 현상을 고전적 조건화(classical conditioning)라고 불렸다. 고전적 조건화이론은 학습이 외부의 조건에 의해 유도될 수 있으며 그 결과도 예측 가능하다고 보는 행동주의 학습이론의 시초가 되었다.

2) 손다이크의 시행착오이론

손다이크(Thorndike)는 시행과 착오의 과정을 통해 특정한 자극이 반응과 결합되어 학습이 발생하는 것을 시행착오이론(trial and error theory)이라고 하였다. 또한 유기체가 자발적으로 나타내는 행동은 뒤따르는 후속 자극의 성질에 따라 그 발생 빈도가 달라진다고 보았다.

손다이크는 인간과 동물의 지적 능력의 차이를 연구하기 위해 문제상자(puzzle box)를 만들었는데, 이 상자는 빗장 걸린 문이 있어서 그 안의 페달을 밟아야 문이 열리도록 고안되었다. 손다이크는 한 실험에서 상자 안에 고양이를 넣고 상자 바깥에 먹이를 놓아두었다. 상자에 갇힌 고양이는 처음에는 이리저리 돌아다니며 창살을 긁고 울다가, 점차 시간이 지나면서 상자 안의 이곳저곳을 건드리기 시작하였다. 이후 마침내 고양이는 페달을 누르고 빗장을 벗겨 문을 열었고, 이 일을 반복하면서 점점 더 빠른 시간 안에 빗장을 내리고 탈출하게 되었다. 여기서 고양이는 탈출 전에 자신의 행동을 탈출이라는 결과와 연결시키면서 불필요한 행동을 줄이고 올바른 반응에 접근해 가게 되었다고 볼 수 있다. 이 실험 결과를 통해 손다이크는 효과의 법칙이라는 개념을 제시하였다.

이상에서 살펴본 행동주의의 법칙을 정리하면 다음과 같다(백영균 외, 2010; 변영계, 김영환, 손미, 2007; 홍기칠, 2012).

① 준비성의 법칙: 어떤 행동을 할 준비가 되어 있을 때 행동을 하면 만족감을 갖게 되고, 준비가 갖추어지지 않은 상태에서 행동을 하면 불만족을 느끼게 되는 원리이다. 만약 행동이 자율적이지 않고 강요를 당하게 되면 그 행동은 이루어지지 않거나 적극성을 띠지 못하게 된다. 즉, 행동은 예비적 적응

과 태도로 준비가 되어 있어 만족스러운 결과가 있을 것으로 기대될 때 취하게 되는 것이다.

② 효과의 법칙: 어떤 일을 시행한 결과로 만족스러운 상태에 이르면 반복해서 같은 일을 하고 싶은 의욕이 생긴다는 원리이다. 학습 도중에 주어지는 긍정적인 피드백은 학습 내용에 대한 효과를 자각시켜서 학습 의욕과 동기를 높이게 된다.

③ 연습의 법칙: 반복적인 연습은 바람직한 행동의 변화를 가져와서 목표에 성공적으로 도달하게 한다는 원리이다. 즉, 학습이 연습을 통해 향상되고 강화와 함께 단계적으로 지속되면 더욱 효과적으로 목표를 달성할 수 있다.

3) 스키너의 조작적 조건화이론

스키너는 실험자의 조작에 의한 기계적인 행동과는 달리, 외부의 자극 없이 자발적으로 또는 의식적인 행동을 발견하고 이를 조작적 조건화(operant conditioning theory)라고 불렀다. 한 실험에서 스키너는 빈 상자에 쥐를 넣고 지렛대를 설치하였다. 상자 안의 쥐는 배고픈 상태에서 돌아다니다가 우연히 지렛대를 누르게 되면서 음식을 얻게 된다. 음식을 먹은 뒤에도 여전히 배고픈 쥐는 상자 안을 계속 돌아다니다가 또다시 지렛대를 누르게 된다. 이때부터 쥐는 지렛대를 누르면 음식이 나온다는 사실을 학습하게 되고, 더 이상 돌아다니지 않고 지렛대를 계속 누르면서 음식을 먹을 수 있게 된다. 이 실험은 음식을 얻을 수 있는 행위라는 강화를 통해 유기체가 능동적으로 조건화될 수 있음을 보여 준다. 파블로프의 개는 종소리를 들을 때마다 침을 흘리며 반응했지만, 스키너의 쥐는 자신이 한 행동의 결과가 스스로에게 이로움을 준다고 생각하여 그 행동을 반복한 것이다.

이처럼 강화(reinforcement)는 행동의 빈도를 증가시키는 결과를 가져오는 것으로 정적 강화(positive reinforcement)와 부적 강화(negative reinforcement)가 있다. 정적 강화는 학습자가 어떤 자극에 대하여 바람직한 반응을 보일 경우, 강화물을 제시하여 반응률을 높이는 것이다. 정적 강화로 많이 사용되는 것으로는 상이나 칭찬 등이 있다. 이에 비해 부적 강화는 학습자가 바람직한 행동을 보였을 경우 그를 둘러싼 불만족스럽거나 혐오스러운 것을 제거해 주는 것을 말한다. 예를 들어, 학습자의 성적이 올랐을 경우 자신이 가장 싫어하는 것을 하지 않아도 되는 '면제권'을 쿠폰으로 주는 것이다.

벌(punishment)이란 학습자에게서 그가 원하는 어떤 것을 빼앗거나 또는 원하지 않는 것을 제공함으로써 반응을 약화시키는 것이다. 강화가 학습자에게 학습되어야 할 어떤 행동의 빈도를 높이기 위해 제공되는 것이라면, 벌은 학습자가 하지 말아야 하는 어떤 행동을 약화시키거나 제거하기 위해서 제공되는 것을 말한다. 예를 들어, 학습자가 시험에서 부정행위를 하지 않도록 하기 위해서, 부정행위가 발생했을 경우 시험 점수로 F학점을 주거나 재시험을 치르도록 하는 것이다.

행동주의 이론이 교수설계에 주는 시사점은 다음과 같다(박성익, 임철일, 이재경, 최정임, 2007; 이성흠, 이준, 2009; 이화여자대학교 교육공학과, 2001; 조규락, 김선연, 2006; 한정선 외, 2008; 홍기칠, 2012).

① 학습의 초기 단계에서 행동 목표를 정확하게 제시한다.
② 외재적 동기라는 강화를 제공하여 행동을 유발시킨다.
③ 수업내용은 쉬운 것에서 어려운 것으로, 단순한 것에서 복잡한 것으로 계열화하여 제시한다.
④ 학습 목표에 진술된 행동을 계속적으로 평가하고, 그 결과에 따라 피드백을 제공한다.
⑤ 학습 목표는 관찰 가능한 행동 용어로 진술하여 정확하게 평가할 수 있도록 한다.

2. 인지주의

인지주의학습이론은 외적인 행동을 불러일으키는 내적인 과정에 대한 학습의 의미를 연구한다. 행동주의학습이론이 경험의 결과로 일어나는 인간 행동의 변화를 다루는 것과는 달리, 인지주의학습이론은 정신적 과정에 초점을 둔다. 또한 우리 눈으로 관찰할 수 없는 곳에서 일어나는 인간의 기억, 지각, 언어, 추리, 지식, 개념 형성, 문제 해결, 내재적 심리과정과 정신적 구조를 설명하기 위해 인지적으로 접근한다(박숙희, 염명숙, 2007).

1) 행동주의와 인지주의

인지주의학습이론과 행동주의학습이론 간의 근본적인 차이점들을 구체적으로 살펴보면 다음과 같다(이성흠, 이준, 2009; 조규락, 김선연, 2006; 홍기칠, 2012).

① 인지주의는 인간과 동물의 학습 간에 질적 차이가 있다고 가정하고 인간을 기계적 · 수동적으로 반응하는 존재가 아니라 능동적 · 적극적 · 자발적으로 반응하는 존재로 본다. 따라서 인간의 학습을 단순히 자극에 반응하는 연합의 결과가 아니라 자극에 대한 정보를 해석하고 판단하는 내적인 과정, 즉 인지적 과정이라고 본다.
② 인지주의는 창조적 사고와 고등정신 과정과 같은 내적인 인지과정에 초점을 두고 연구한다. 학습의 결과가 반드시 행동의 변화로 나타나지 않아도 학습자 내부의 인지적인 상태가 변화하면 학습한 것으로 본다.
③ 인지주의는 실제로 행동하지는 않지만 정신적으로 해결책을 탐구하면서 답을 발견할 수 있다고 본다. 또한 여러 가지 방법을 통해 자신의 문제를 해결할 수 있다고 본다.

인지주의 접근은 행동주의 접근에 비해 학습에 대한 폭넓은 이해를 기반으로
한다. 이러한 방식은 학습자가 교사에게 의존하기보다는 스스로 인지적 구조를
재정립하는 방식으로 지식을 확장한다.

이처럼 인지주의학습이론은 '이해를 통해서 학습자의 인지구조가 변화하는
것'이 학습이라고 보고 학습자의 행동보다는 그 행동을 일으키는 정신활동, 즉 인
지활동에 관심을 가진다.

2) 인지주의학습이론

인지주의 관점에서 학습이란 교수자에 의해 지식이나 정보가 학습자에게 전달
되는 것이 아니라, 학습자 스스로가 사고하고 효과적으로 기술을 습득하는 활동
을 말한다. 학습은 지식이나 정보를 그저 단순히 수용, 기록, 연습 그리고 암기하
는 방식으로 이루어진다고 보지 않는 것이다. 오히려 정보를 적극적으로 수용하
여 자신의 인지구조 내의 기존 지식과 정보들을 재구성하는 방식으로 학습이 이
루어진다고 보고, 이러한 활동을 안내하고 도와주는 교수학습 과정을 강조한다
(이성호, 1999).

인지주의를 행동주의와 비교하여 간략하게 제시하면 〈표 3-1〉과 같다(윤광보,
김용옥, 최병옥, 2011).

❖ 표 3-1 ❖ 행동주의와 인지주의의 원리 비교

	행동주의	인지주의
인간	환경의 영향에 수동적으로 반응	기존의 지식을 능동적으로 재조직
학습의 전제	새로운 행동 그 자체가 학습임	지식의 변화가 행동의 변화를 가능하게 함
강화	강화가 반응의 강도를 강하게 함	행동 후에 일어날 일을 알려 주는 신호 역할
동기	외적 강화에 의해 형성	내적 동기 중시

인지심리학에 영향을 받은 오수벨(Ausubel, 1968)은 학습자의 기존 인지구조가 유의미한 학습과 파지에 영향을 미치는 주요 요인이라고 보았다(Driscoll, 1994). 오수벨은 유의미한 학습이 일어나기 위한 조건을 다음과 같이 제시하였다(고재희, 2008; 백영균 외, 2010; 홍기칠, 2012).

① 학습 과제가 논리적으로 유의미하다.
② 학습자가 인지구조 내에 학습 과제를 수용할 수 있는 관련 정착 의미를 가지고 있다.
③ 학습자가 유의미한 학습을 할 준비가 되어 있다.

오수벨은 유의미학습을 촉진할 수 있는 선행 조직자(advance organizer)가 학습자의 인지구조를 조정하여 새로운 자료와 이전 학습의 연결을 돕는다고 보았다. 선행 조직자는 학습 이전에 미리 제공되는 일반적·포괄적·추상적인 도입 자료들과 진술문, 질문, 이야기, 영화, 시범 등을 제공하는 방식들을 포함한다.

교수학습 과정에서 학습자의 능동성을 중요시하고 인간의 정보처리 과정을 과학적으로 규명하고자 하는 인지주의의 교육적 시사점을 살펴보면 다음과 같다(박성익, 임철일, 이재경, 최정임, 2011).

① 사고의 과정 강조: 인지주의이론은 학습자의 내부에서 일어나는 인지과정에 관심을 두고, 학습자의 내적인 인지과정을 촉진할 수 있는 수업설계를 강조한다. 또한 정보의 제시방법은 학습자가 스스로 문제를 해결하고 탐구해 나갈 수 있는 발견식, 탐구식이 적합하다.
② 정보처리 전략의 활용: 인지주의이론은 학습자 스스로 새로운 정보를 처리할 수 있도록 지원하는 교수방법을 필요로 한다. 새로운 정보를 전달하는 것만이 아니라 필요한 정보를 찾고 그것을 의미 있는 형태로 조직·활용할 수 있도록 기술을 가르치는 것을 강조한다.

③ 내재적 학습 동기의 강조: 행동주의가 외재적 동기를 강조한 것과는 달리 인지
　주의는 내재적 동기를 강조한다. 유의미한 학습이 일어나기 위해서는 학습
　자의 학습 내용에 대한 흥미, 학습 내용의 학습자의 필요에의 부합, 학습자
　의 자발적 의지 등과 같은 요인, 즉 학습의 내재적 동기를 유발시키기 위한
　교수전략이 모색되어야 한다.

④ 수업 평가: 인지주의 이론은 수업의 과정적 측면과 학습자의 인지활동 그
　리고 사고의 측면을 강조한다. 따라서 행동의 결과가 아닌 인지의 과정에
　초점을 두고 학습 과정에서의 수행 및 성과를 평가해야 한다. 또한 정보의
　기억이 아니라 문제를 탐구하고 해결하는 능력에 초점을 두는 것을 강조
　한다.

3) 정보처리이론

정보처리이론(information processing theory)은 인간이 외부 세계로부터 획득한
정보를 어떻게 지각하고 이해하며 기억하는가에 관심을 두는 인지심리학의 한
분야이다. 정보처리이론에서는 인간 발달과 인간 학습이 컴퓨터의 정보 입력, 저
장 및 인출의 과정과 유사하다고 본다. 또한 이 이론에서는 유기체가 새로운 지식
을 습득, 저장, 회상하고 배운 것을 가지고 새로운 것을 배우는 방법에 대해 관심
을 가진다.

인지처리 과정(cognitive process)은 어떠한 정보를 하나의 저장소에서 다른 저
장소로 옮기는 내부적이고 지적인 활동을 의미한다. 이같은 인지처리 과정은 주
의집중, 지각, 시연, 부호화, 인출, 망각의 과정을 포함한다. 정보처리 과정에 영
향을 주는 요소들을 살펴보면 [그림 3-1]과 같다(유구종, 강병재, 2007).

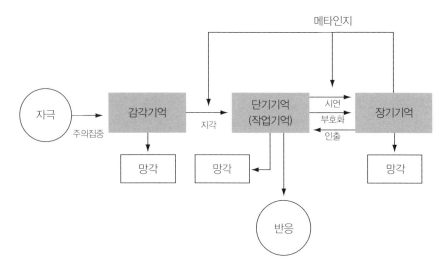

❖ 그림 3-1 ❖ 정보처리이론의 인지처리 과정

(1) 주의집중

주의집중(attention)이란 선택적으로 자극에 반응하는 것을 의미한다. 감각등록기에 들어온 수많은 자극은 주의집중을 하지 않으면 곧 유실되므로 학습은 주의집중에서 비롯된다고 할 수 있다.

(2) 지각

지각(perception)이란 감각등록기에 들어온 자극에 대해 의미와 해석을 부여하는 과정을 말한다. 일단 자극에 대해 주의집중을 하면 지각을 하게 되고 지각이 일어난 자극은 '객관적 실재'로서의 자극이 아닌, 개인마다 다르게 받아들이는 '주관적 실재'로서의 자극이 된다.

(3) 시연

시연(rehearsal)은 작업기억 안에서 이루어지는 처리과정으로서, 계속해서 반복하는 활동을 통해 정보가 파지(retention)되거나 장기기억으로 전이된다.

(4) 부호화

부호화(encoding)는 장기기억 속에 존재하고 있는 기존의 정보에 새로운 정보를 연결하여 작업기억에서 장기기억으로 정보를 이동시키는 과정을 의미한다. 새로운 정보가 장기기억 속으로 부호화되기 위해 가장 중요한 것은 유의미화이다. 유의미화란 장기기억 속에서 하나의 생각과 다른 생각들이 연결되어 새로운 체제로 구축되는 것을 말한다.

(5) 인출

인출(retrieval)이란 장기기억에서 정보를 찾는 탐색과정으로 부호화와 밀접한 관련이 있다. 따라서 부호화가 효과적으로 이루어지지 않으면 인출이 효과적으로 일어나지 않는다.

3. 구성주의

구성주의는 지식이란 무엇이며, 지식이 어떻게 구성되는지에 대해 관심을 갖는 철학적인 접근이다. 행동주의와 인지주의가 학습이 이루어지는 과정에 대한 심리학적 접근이라면, 구성주의는 지식의 구성에 관심을 가지는 인식론적 접근이다. 구성주의학습은 전통적인 교수학습 방법과는 달리 지식의 획득과정에 대한 가정과 방법을 강조한다. 이러한 구성주의학습은 현대 사회에서 요구하는 교육적 패러다임에 상응하는 아이디어를 제공하는 것으로 평가되고 있다.

1) 객관주의와 구성주의

구성주의는 철학적으로 주관주의적 인식론에 기초하고 있다. 반면, 행동주의와 인지주의는 객관주의적 인식론에 기초한다고 볼 수 있다. 구성주의는 객관주의에 대한 대안적인 이론이기 때문에 구성주의를 이해하기 위해서는 객관주의를 이해하는 것이 필요하다.

사실주의와 행동주의에 뿌리를 두고 있는 객관주의는 지식을 고정되어 있어서 확인할 수 있는 대상으로 여긴다. 객관주의는 개인의 사전 지식이나 경험에 따라 지식에 대한 이해 정도에 차이가 있지만, 이런 지식을 발견할 수만 있으면 고정적이고 확인 가능한 대상인 진리는 규칙이나 방법으로 규명이 가능하다고 본다.

반면, 구성주의는 객관주의와는 전혀 다른 관점을 가진다. 개인은 자신이 속한 사회의 문화적 · 역사적 배경에 영향을 받으면서 주어진 사회현상에 대해 지속적으로 이해하며 이러한 구성의 과정을 통해 지식이 생성된다고 본다. 이는 지식의 고정적이고 보편적인 성격을 강조하는 객관주의와 상반된다.

객관주의는 구조화되어 있고, 실재하는 세계가 이론적인 모델에 의해 설명될 수 있다고 본다. 따라서 객관주의적 관점에서 교육은 이러한 명확한 구조를 있는 그대로 학습자에게 전달하고 각인시키는 것을 목적으로 한다. 그리고 교사의 역할은 학습자가 스스로 세계에 대한 의미를 해석하기보다는 교사가 전달한 지식을 그대로 받아들이도록 하는 것이다(Bedner, Cunningham, Duffy, & Perry, 1991). 따라서 객관주의학습은 학습자의 객관적인 이해를 이끌어 내기 위해 가르치는 내용과 지식을 선정하고 분석하는 것이 주요한 교수활동이다(Duffy & Jonassen, 1991).

이에 비해 구성주의는 지식이 경험에 근거한다고 보고 학습이 일어나기 위해서는 학습자에게 경험을 제공하도록 수업을 설계하는 것을 강조한다. 학습이란 경험을 통해 발생하는 것이기 때문에 개인이 아이디어를 이해하고 사용할 수 있기 위해서는 그 아이디어가 포함되어 있는 경험이 필수적으로 제공되어야 한다는 것이다. 그러므로 구성주의학습은 반드시 실세계를 반영하는 풍부한 맥락 안에서 학습이 이루어지는 것을 강조한다(Duffy & Jonassen, 1991; Winn, 1993).

이러한 구성주의 관점에서는 학습의 중심이 교사가 아닌 학습자 자신이 되어야 한다고 본다. 그리고 교사는 학습자가 의미를 구성할 수 있도록 보조하는 보조자, 촉진자 또는 코치의 역할을 해야 한다고 본다. 따라서 구성주의학습은 학습자 스스로 문제를 해결하는 과정을 통해 의미를 구성할 수 있도록 풍부한 상황을 필요로 한다. 교수설계의 관심은 교수활동보다는 학습자들의 문제해결활동에 초점을 둔다. 객관주의와 구성주의의 차이를 비교·정리하면 〈표 3-2〉와 같다(박성익외, 2011).

❖ 표 3-2 ❖ 객관주의와 구성주의의 원리 비교

	객관주의	구성주의
철학	객관주의	주관주의
학습	외부의 진리가 학습자의 내부로 전이되는 것	개인적인 경험에 의해 의미를 개발하는 능동적인 과정
교수	교사에 의해 전달	학습자가 의미를 구성하도록 보조, 지원
수업의 중심	교사	학습자
교사의 역할	진리 전달자	학습보조자, 학습촉진자, 코치
학습의 조건	상황과 분리되어 가르칠 수 있음	풍부하고 실세계를 반영하는 상황이 제공되어야 함
교수설계	결정된 내용을 효과적으로 전달하는 것	학습이 일어날 수 있는 환경 설계
지식의 형태	사실적 정보	문제해결능력, 고차적인 인지전략
주된 교수방법	강의식	문제 중심, 토의식, 발견학습

2) 인지적 구성주의와 사회적 구성주의

인지와 인지 발달에 대한 대부분의 이론에서 사회와 인지는 서로 분리된 영역으로 간주되어 왔다. 인지적 구성주의 학자로 대표되는 피아제(Piaget)는 인간의 인지 발달 단계를 감각운동기, 전조작기, 구체적 조작기, 형식적 조작기의 4단계로 구분하고, 각 단계는 일련의 인지과정을 거쳐 발달된다고 보았다. 그는 인간이 태어나면서부터 독특한 인지구조(schema)를 갖고 있다고 설명하면서, 이 독특한 인지구조는 인간 스스로 동화(assimilation)와 조절(accommodation) 그리고 평형화(equilibration) 단계를 반복함에 따라 형성되어 간다고 보았다.

피아제는 인간 개인의 인지적 발달에 초점을 두고 인지 발달과정을 설명한다. 새로운 정보와 지식이 제공되었을 때, 인간이 자신의 인지구조에 그 새로운 지식이나 정보를 비교해 보고 그 지식이나 정보를 변형하여 자신의 인지구조 틀 안으로 맞추는 과정을 동화라고 보았다. 이와는 반대로, 제공된 새로운 지식이나 정보가 자신의 인지구조 안에서 설명될 수 없을 때는 스스로의 인지구조를 변형시켜서 그것을 받아들이는데 이 과정을 조절이라고 설명하였다. 그러므로 인간은 끊임없는 동화와 조절과정을 거쳐서 성장하게 되는 것이다.

한편, 비고츠키(Vygotsky)는 사회적 인지를 개인적 인지에 비해 더 중요한 것으로 보았다. 그는 사고란 개인의 두뇌나 정신에 의해서만 형성되는 것이 아니고, 사회적 현상에 의해 영향을 받는다고 보았다. 사회적 경험은 개인에게 자신이 접하고 있는 세계에 대해 사고하고 해석하는 방식을 제공하는데, '언어'는 사회적·문화적 세계와 개인의 정신 기능을 연결하는 중요한 매개체라고 설명하였다.

후대 학자들은 비고츠키의 이런 설명을 사회적 구성주의의 기초로 보았는데, 이는 인간 개인의 인지적 사고과정이 사회적 환경과 무관할 수 없기 때문이다. 비고츠키는 사회적으로 공인된 지식은 그 사회의 구성원에 의해 형성되고, 이렇게 형성된 지식은 사회 구성원에 의해서 공유된다고 보았다. 사회적으로 공유된 지식을 위해서는 사회 구성원 간의 사회적 상호작용이 강조된다.

3) 구성주의학습의 원리

행동주의 및 인지주의와 구분되는 구성주의학습에 관한 가정과 전제는 다음과 같다(Jonassen, 1998).

① 지식은 전달되는 것이 아니라 학습자 스스로 구성하는 것이다.
② 지식의 구성은 활동의 결과이며, 지식은 활동 안에 내재되어 있다.
③ 지식은 학습이 발생하는 상황과 맥락에 따라 의미가 부여된다.
④ 사실 세계에 대한 의미는 학습자에게 달려 있다.

⑤ 사실 세계에 대한 관점은 다양하게 존재한다.

⑥ 학습자의 욕구, 필요, 의문, 혼란, 불일치, 부조화 또는 문제가 학습자의 경험과 관련이 있을 때 의미 만들기가 촉진된다.

⑦ 학습된 것(구성된 의미)에 대한 표현과 명확성이 있을 때 의미 만들기가 이루어진다. 즉, 학습자는 학습한 것을 자신의 말로 표현할 수 있어야 한다.

⑧ 의미 만들기는 대화를 통해 이루어지고 이는 다른 사람과 공유될 수 있다.

⑨ 의미 만들기는 학습자가 존재하는 문화와 집단에 의해 영향을 받는다.

구성주의학습의 기본적인 가정에 따르면 지식은 학습자에게 전달될 수 있는 것이 아니라 학습자 스스로 구성해 나가는 것이다(Merrill, 1983). 학습자가 스스로 자신의 기억구조 속에 지식을 조직화하기 위해서는 학습 환경이 중요하다. 학습자 중심의 학습 환경을 조성하기 위한 교수학습 원리들을 살펴보면 다음과 같다.

① 학습자에게 의미 있고 적절한 과제를 제시한다: 학습자가 스스로 주인의식을 가지고 능동적으로 학습 과정에 참여할 때 학습이 효과적으로 일어난다(김종석, 1998; 박인우, 1996).

② 교사의 역할은 학습자의 학습을 돕는 조언자이다: 교사는 더 이상 '구체화되고 구조화된 지식의 전수자'가 아닌 '인도자' '조언자' '동등한 학습자'로 새롭게 규정된다(강인애, 1997).

③ 맥락적이고 상황적인 지식을 제공한다: '상황(situation)'이나 '맥락(context)'이 지니고 있는 구체적이고 실제적인 과제(authentic task)를 제공한다.

④ 구성주의는 협동학습 환경을 조성한다: 지식의 습득과 형성은 인간의 개인적인 인지적 작용뿐만 아니라, 개인이 속한 사회적·문화적 배경과의 상호작용을 전제로 한다.

제4장 커뮤니케이션이론

1. 개념

커뮤니케이션은 '공유하다'라는 의미를 지닌 라틴어 'communicare'에서 유래하였다. 커뮤니케이션은 교환의 과정이며 수단이고, 발신자와 수신자 또는 송신자와 수신자가 있으며 공유된 기호체제를 사용하고, 주관적인 평가가 이루어지며 감정적이다(Burgoon & Ruffner, 1978).

커뮤니케이션은 기호체계에 따라 언어 커뮤니케이션(verbal communication)과 비언어 커뮤니케이션(nonverbal communication)으로 구분된다. 언어 커뮤니케이션은 언어를 활용하는 커뮤니케이션을 의미하며 비언어 커뮤니케이션은 몸짓, 손짓, 얼굴 표정 등을 통한 커뮤니케이션을 뜻한다. 언어는 같은 종족, 지역, 국가, 문화 등에 속한 사람들이 의사소통을 위해 공통적으로 사용하는 단어와 체계라고 볼 수 있다. 언어는 커뮤니케이션을 위한 필수적인 요소이며 사회적 약속이고 후천적으로 습득된다. 비언어 커뮤니케이션은 문화적인 영향을 받지만 보통

만국 공통어로 여겨지며 언어 커뮤니케이션보다 차지하는 비중이 더 크다. 또한 감정적 호소력이 크고, 비언어적 부호는 동시다발적으로 일어난다. 비언어의 유형은 유사언어(목소리톤, 억양, 음량 등), 기호언어(상징, 숫자, 장식, 표시 등), 행동언어(제스처, 태도, 표정 등), 대상언어(옷차림, 헤어스타일 등), 접촉언어(포옹, 손잡기 등), 감정언어(침묵, 시간, 공간 등) 등으로 구분할 수 있다.

또한 사람 수에 따라 대내 커뮤니케이션(intrapersonal communication), 대인 커뮤니케이션(interpersonal communication), 집단 커뮤니케이션(group communication), 조직 커뮤니케이션(organizational communication) 그리고 매스 커뮤니케이션(mass communication)으로 구분된다. 대내 커뮤니케이션은 자기 자신과의 커뮤니케이션으로 생각, 추론, 분석, 반성 등을 하며 자아개념이 형성되고 문제 해결과 분석 능력을 향상시키는 데 도움을 준다. 대인 커뮤니케이션은 개인과 개인 사이의 커뮤니케이션, 관계를 형성하게 하는 커뮤니케이션으로 우정, 사랑, 가족 관계 등을 형성하고 유지하게 한다. 집단 커뮤니케이션은 주로 소수의 인원으로 구성된 집단 내 커뮤니케이션으로 정보를 나누고 아이디어를 산출하거나 문제 해결을 하는 데 도움을 준다. 조직 커뮤니케이션은 공식 조직 속의 커뮤니케이션으로 상향, 하향, 수평 커뮤니케이션이 이루어질 수 있으며 생산성의 증대를 위한 네트워크의 구조화가 이루어진다. 매스 커뮤니케이션은 시청각 수단을 매개로 대중에게 전달되는 커뮤니케이션으로 정보 제공, 설득, 오락 등을 하게 한다(김우룡, 장소원, 2004).

커뮤니케이션의 네트워크 형태는 정보의 흐름에 따른 연결구조로 원형(circle), 연쇄형(chain), Y자형, 바퀴형(wheel), 전체 경로형(all channel)으로 구분된다. 원형은 집단 구성원 사이의 지위나 서열이 구분되지 않고 거의 동등한 입장에서 의사소통이 이루어지는 형태이다. 연쇄형은 수직적인 계층을 통해 커뮤니케이션이 이루어지는 형태이며, Y자형은 집단 내에 중심적인 리더가 존재하지 않지만 다수의 구성원을 대표할 수 있는 인물이 있을 때 나타나는 네트워크 형태이다. 바퀴형은 집단 내 중심인물이 있어 그 중심인물에게 구성원 간의 정보가 집중되는 네트워크 형태이다. 전체 경로형은 각각의 구성원이 다른 구성원 모두와 자유롭게 정보와 의사를 전달하는 네트워크 형태이다.

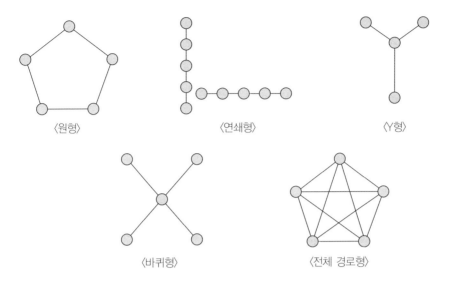

❖ 그림 4-1 ❖ 커뮤니케이션의 네트워크 형태

출처: Shaw(1976): 김길호, 김현주(1995)에서 재인용.

2. 모형

1) 라스웰의 모형

라스웰(Lasswell, 1948)은 누가(who), 무엇을(what), 어떤 채널을 통해(in which channel), 누구에게(to whom) 말해 어떤 효과를 가져왔는가(with what effect)를 설

❖ 그림 4-2 ❖ 라스웰의 모형

출처: Lasswell(1948).

명해 주는 모형이다. 이는 간단한 모형으로 의사소통의 선형적인 과정을 제시하고 있으며 대중 의사소통을 설명하는 데 큰 영향을 미쳤다. 정보원(sender)은 공유할 정보를 가진 개인이나 단체이고, 메시지(message)는 정보원이 전달하고자 하는 정보를 담은 것이며, 채널(channel)은 정보원에서 수신자에게로 커뮤니케이션이 이동하는 경로이다. 수용자(receiver)는 송신자의 메시지를 수용하며 해독하는 것이며, 효과(effect)는 최종적으로 어떤 효과를 얻는가에 대한 것이다.

2) 오스굿과 슈람의 순환모형

순환모형은 오스굿(Osgood)이 개발하고 슈람(Schramm)이 보완·수정하여 1954년 제시되었으며 선형적인 모형에서 벗어나 순환적 모습을 지녔다는 특징을 지닌다. 발신자와 수신자는 모두 기호화(encoding), 해석(interpreting), 해독화(decoding)의 과정을 거친다. 기호화 기능과 해독화 기능은 비슷하게 이루어진다고 볼 수 있다. 일반적으로 커뮤니케이션을 할 때는 언어와 비언어의 기호체계를 활용하여 메시지를 전달하는데 이러한 과정이 기호화이며, 해독화에서 대부분

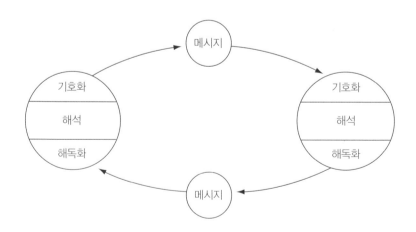

❖ 그림 4-3 ❖ 오스굿과 슈람의 순환모형

출처: Schramm(1954).

무의적으로 전달된다. 하지만 외국어를 사용할 때는 해독한 다음에 그 의미를 해석하게 되어 자국어를 사용할 때와 다르다. 또한 동등한 입장 외에도 부모와 자식, 교사와 학생, 상사와 부하 등의 사이에서 커뮤니케이션이 이루어질 때도 있다. 이때는 메시지의 전달이 동등한 수준이나 입장에서가 아니라 일방적으로 이루어질 수도 있다.

3) 벌로의 모형

벌로(Berlo, 1960)의 SMCR 커뮤니케이션 모형은 송신자(sender)가 메시지(message)를 통로(channel)로 수신자(receiver)에게 전달하는 과정을 제시한다. 송신자와 수신자에게 필요한 것은 통신기술, 태도, 지식수준, 사회체계, 문화양식이며 둘 사이의 유사성이 높을수록 커뮤니케이션이 원만하게 이루어질 가능성이 높아진다. 통신기술로 송신자와 수신자의 말하기, 쓰기, 듣기, 읽기, 추론적 사고 등의 능력이 필요하며, 열의 있고 적극적인 자세로 임할 때 효과적인 커뮤니케이션이 일어난다. 전달내용은 내용, 요소, 처리, 구조, 코드로 구분된다. 코드는 언

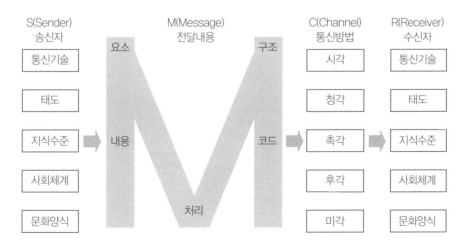

❖ 그림 4-4 ❖ 벌로의 모형

출처: Berlo(1960).

어적인 코드와 비언어적인 코드로 나뉘며, 내용은 전달하고자 하는 것이고 구조
는 특정 순서대로 선택한 내용을 조직화하는 것이다. 처리는 선택한 코드와 내용
을 특정한 방법으로 전달하는 것이다. 또한 통로인 인간의 오감각, 즉 시각, 청각,
촉각, 후각, 미각을 활용하여 수신자에게 전달한다. 이 모형은 교육공학의 이론과
실제를 잘 반영한 모형이기는 하지만, 피드백 과정이 포함되지 않았다는 것이 단
점으로 지적되고 있다.

4) 섀넌과 슈람의 모형

섀넌과 슈람(Shannon & Schramm, 1964)의 커뮤니케이션 모형은 면대면 커뮤니
케이션을 설명하기에 적합한 고전모형으로 송신자와 수신자의 경험의 장, 잡음,
피드백의 요소가 포함되었다는 점에서 벨로의 모형과 구별된다. 커뮤니케이션
모형은 송신자와 수신자의 경험의 장이 있으며 통신은 송신자의 경험과 수신자
의 경험이 겹치는 영역 안에서 일어난다. 따라서 둘 사이 경험의 장이 많이 겹칠
수록 효과적인 커뮤니케이션이 일어날 수 있다. 경험의 장은 언어, 문화적 배경,
교육 등뿐만 아니라 개인이 인식하고 지각하는 모든 사건을 포함한다. 또한 커뮤

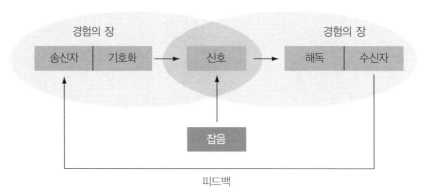

❖ 그림 4-5 ❖ 섀넌과 슈람의 모형

출처: Shannon & Schramm(1964).

니케이션 과정에서는 다양한 형태의 잡음이 방해 요소로 작용한다. 여기에서 잡음은 소음, 혼탁한 공기, 어두운 조명 등과 같은 물리적(physical) 잡음과 학습자의 지식 수준, 어휘 능력, 심리적 상태 등과 같은 내부적(internal) 잡음으로 구분된다. 잡음과 경험의 차이에서 오는 문제나 커뮤니케이션 내용에 대한 피드백이 발생하며, 피드백이 원활하게 진행될수록 경험의 차이와 잡음에서 일어나는 문제는 쉽게 해결될 수 있다.

5) 웨슬리와 맥린의 모형

　매스 커뮤니케이션 모형 중 지금까지 가장 폭넓게 사용되어 온 것은 웨슬리와 맥린이 제시한 모형이다. 웨슬리와 맥린(Westley & MacLean, 1957)의 매스 커뮤니케이션 모형은 특정 대상 또는 사건(X_1~X_n)으로부터 메시지를 받은 정보원(A)이 여론중재자(C)에 의해 선별된 후 각색되어 청중(B)에 전달된다. 신문, 라디오, 텔레비전에서 보도되는 기사 등이 이와 같은 모형으로 설명될 수 있다. [그림 4-6]에서와 같이, 예를 들어 사건을 X_1, 기자를 A, 편집자를 C, 청취자를 B로 볼 수 있다.

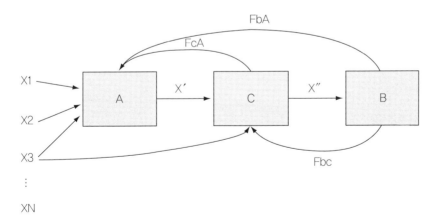

❖ **그림 4-6** ❖　**웨슬리와 맥린의 모형**

출처: Westley & MacLean(1957).

제5장 **매체이론**

1. 개념 및 역할

1) 교수매체의 개념

매체(media)란 'medium'의 복수형으로 라틴어 'medius'에서 유래되었다. 'medius'는 'between', 즉 '~과 ~의 사이'라는 의미로 송신자와 수신자 간의 정보를 전달하는 매개체 혹은 전달체를 뜻한다. 매체는 교재나 자료 매개체에서부터 테크놀로지 및 교수학습 과정에서 하드웨어를 이용하기 위한 설계, 개발, 실행, 평가 등의 기능까지도 포함하는 광범위한 의미를 가진다(김혜숙, 이상현, 1998).

매체는 다양한 교수학습 상황에서 학습을 촉진시키고 교육내용의 효과적인 전달을 위해 사용된다. 교수매체는 "교육목표가 효과적·효율적·매력적으로 달성되기 위하여 교수자와 학습자, 학습자와 학습자, 학습자와 교육내용 사이의 상호작용과 의사소통을 통해 학습이 일어나도록 도와주는 다양한 형태의 매개 수단"이라고 정의된다(이성흠, 이준, 2010).

매체는 기술적 특성, 상징적 특성, 내용적 특성, 상황적 특성을 지닌다. 이러한 개별 매체가 지닌 특성들이 상호 조합하면서 교수학습 상황에 영향을 미치게 된다(박성익 외, 2001; Kozma, 1991). 매체에 대한 특성을 정리하여 제시하면 다음과 같다.

① 기술적 특성: 매체를 구성하는 재료 및 기기와 같은 물리적 속성으로 라디오, 텔레비전 등과 같이 서로를 구분해 주는 표면적인 특성이다.
② 상징적 특성: 매체에 따라 내용을 전달하기 위해 사용되는 인쇄된 문자(text), 그림, 수, 음악, 지도 등과 같은 상징체계이다.
③ 내용적 특성: 모든 매체는 특정한 내용을 지니고 있으며 효과적인 의사소통을 위해 내용의 설계와 매체의 특성이 조화를 이루어야 한다.
④ 상황적 특성: 메시지가 전달되는 사회적 환경이 매체의 효과에 영향을 미친다. 즉, 동일한 내용을 동일한 매체로 전달할 때에도 그 매체가 활용되는 사회적 상황과 환경에 따라 그 효과가 달라질 수 있다.

최근 최첨단 정보통신 기술(Information and Communication Technology: ICT)이 급격하게 발달하면서 교육에서 테크놀로지의 다양한 접목이 이루어지고 있다. 교수학습 과정에서도 다양한 기능과 형태를 가진 도구들이 활용되고 있다. 교수자와 학습자, 학습자와 학습자, 학습자와 학습 내용 간에 사용되는 모든 수단을 포함하는 광범위한 의미의 매체로 개념이 변화되고 있다. 이와 같이 교수매체는 시청각 장치와 자료(material)뿐만 아니라, 교육에 관련된 사람, 교육내용, 학습환경, 교육시설 등을 포함하는 광범위한 의미를 포함한다(권성호, 2006; 한정선 외, 2008b).

2) 교수매체의 역할

교수매체는 정확하고 효과적인 의사소통을 위한 매개체의 역할을 한다. 섀넌과 슈람(Shannon & Schramm, 1954)의 커뮤니케이션 모형은 송신자가 자신이 전달하고자 하는 지식이나 기술, 가치를 언어적 · 비언어적 또는 시청각적 형태로 제시하고, 수신자는 그 기호를 해독하여 의미를 산출하고 이해하는 의사소통의 과정을 보여 준다. 교수매체의 역할을 간략하게 정리하면 다음과 같다(이성흠, 이준, 2010).

(1) 보조 자료로서 교수매체

교수자가 강의식 교육방법을 통하여 수업을 진행하면서 필요에 따라 적절한 매체를 보조 자료로 사용하는 방식이다. 보조 자료는 수업내용과 수업방식 등의 특성에 따라 적절하게 선택 · 사용된다.

(2) 교수매체 중심 수업

컴퓨터 보조수업(Computer Assisted Instruction: CAI)이 교수매체 중심 수업의 대표적인 방식이며, 학습자가 스스로 매체를 활용하여 학습하기 때문에 강의 및 설명 등에 소요되는 시간을 절약할 수 있다.

(3) 개별화학습을 위한 도구로서 교수매체

학습자의 개성과 차이를 존중하여 각각의 학습자에게 맞춤형 학습을 제공할 수 있는 개별화 수업에 사용되는 교수매체이다. 개별화학습은 교수매체와 학습자 사이의 활발한 상호작용을 통하여 이루어질 수 있다. 최근 네트워크와 인터넷이 발달하여 스마트 기기의 활용을 통한 상호작용 도구의 활용이 기대되고 있다.

(4) 특수한 대상이나 목적을 위한 교수매체

정상적인 학습자보다 교사의 손길이 더 많이 필요한 지적장애, 신체적 장애 학습자의 경우, CAI 등의 교수매체를 활용했을 때 학습 효과가 더 높은 것으로 밝혀졌다. 특수교육, 유아교육, 노인교육 분야에서 교수매체의 활용이 더욱 확산될 전망이다.

(5) 원격수업과 가상수업을 위한 교수매체

원격교육은 학습자와 교수자가 원격으로 교수학습 활동을 하는 것이다. 오래 전부터 라디오, 텔레비전, 녹음기 등을 이용한 교육활동이 활발하게 이루어져 왔으나, 최근에는 텔레 컨퍼런스(tele conference), 멀티미디어(multi media), 전자우편(e-mail), 위성방송 등을 이용한 원격교육과 가상교육이 더욱 보편화되고 있다.

2. 교수매체의 유형 및 효과

1) 교수매체의 유형

교수매체를 효과적으로 활용하기 위해서는 교수매체의 특성을 파악하고, 이러한 특성과 교수상황에 맞게 매체를 선택하고 활용하는 것이 중요하다. 교수매체는 크게 시각매체, 청각매체, 시청각매체, 상호작용매체로 구분할 수 있다.

(1) 시각매체

시각매체는 비투사매체와 투사매체로 구분된다. 자료를 제시할 때 비투사매체는 광학적 또는 전기적 투사방법을 사용하지 않는 반면, 투사매체는 광학적 또는 전기적 투사방법을 사용한다. 비투사매체로는 실물, 모형, 차트, 그래프, 포스터, 만화 등이 있고, 투사매체로는 슬라이드, OHP, 실물화상기 등이 있다.

비투사매체	투사매체
실물, 모형, 차트, 그래프, 포스터, 만화 등	슬라이드, OHP, 실물화상기

거북선 모형	포스터	만화	슬라이드 환등기	OHP	실물화상기

(2) 청각매체

주로 청각적인 정보를 전달하기 위해 라디오, 녹음기, 전축 등을 사용한다.

라디오　　　　　　　녹음기　　　　　　　전축

(3) 시청각매체

시각과 청각적 정보를 동시에 활용하는 것으로 VTR, 영화, 텔레비전 등이 있다.

영화 영사기

VTR

텔레비전

(4) 상호작용매체

학습자와의 상호작용이 가능한 컴퓨터 기반의 컴퓨터 보조학습, 상호작용 비디오, 멀티미디어, 비디오디스크, 쌍방향 TV 등이 해당된다.

컴퓨터

비디오디스크

❖ 표 5-1 ❖ 교수매체 유형

	분류	종류	특징
시각매체	비투사매체	• 실물, 모형, 차트, 그래프, 포스터	• 광학적, 전기적 투사방법을 사용하지 않음
	투사매체	• 슬라이드, OHP, 실물화상기	• 광학적, 전기적 투사방법을 사용함
청각매체	• 라디오, 녹음기, 전축		• 청각적인 정보를 전달
시청각매체	• VTR, 영화, 텔레비전		• 시각과 청각적 정보를 동시에 활용함
상호작용 매체	• CAI, 상호작용 비디오, 멀티미디어, 쌍방향 TV		• 컴퓨터 활용 • 학습자와 상호작용이 가능

2) 교수매체의 효과

교수매체의 목적은 정확한 정보를 전달하기 위해 보다 정확하고 효율적인 의사소통을 위한 매개적 역할을 하는 것이다. 수업의 과정에서 기대되는 교수매체의 교육적 효과는 다음과 같다(한정선 외, 2008a; Kemp & Smellie, 1989).

(1) 동기유발

교수학습 내용에 대한 학습자의 동기부여와 주의집중을 높이기 위해 다양한 형태의 매체를 활용한다. 명료한 내용 전달, 특수효과 사용 등의 역동적인 수업 진행에 효과적이며 학습자의 흥미를 높일 수 있다.

(2) 유의미한 학습 경험 제공

매체는 학습자의 감각기관을 자극하여 다양한 형태의 정보를 빠른 시간에 전달할 수 있어서 유의미한 학습 경험을 제공하여 교수학습 목표 달성에 보다 효율적이다.

(3) 융통적인 개별학습

교수매체는 첨단매체의 활용으로 학습자 개개인이 원하는 시간과 장소에서 교수학습 활동이 가능하도록 융통성 있는 가상강좌 및 원격교육을 제공한다.

(4) 직접적인 설명과 예시 제공

내용과 수행 기술에 대한 직접적인 설명과 예시가 필요한 경우, 정해진 시간 동안 많은 양의 정보를 학습자에게 효과적으로 전달할 수 있는 매체의 활용이 가능하다.

(5) 학습에 대한 긍정적인 태도 형성

학습자는 적절한 매체의 활용을 통해 학습 주제에 대한 보다 자세한 설명과 보충을 제공받을 수 있다. 보조 자료의 활용은 교수자가 시간을 유용하게 활용하도록 돕고, 개별 지도가 필요한 학습자들에게 보다 많은 관심과 도움을 제공할 수 있도록 한다. 이러한 매체의 다양한 활용은 학습자의 학습 동기를 유발시키고 학습에 대한 긍정적인 태도를 형성하는 데 효과적이다.

(6) 수업의 질 향상

수업에서 표준화된 교수매체를 활용하는 것은 교사에 따른 수업의 질 차이를 줄이고 표준화된 교수활동을 제공한다. 교육내용과 매체의 특성이 적절하게 잘 통합된 수업은 학습자에게 매력적이고 효과적인 교수학습 활동을 제공한다. 이러한 수업은 학습 목표의 성취와 학습의 파지, 전이에도 긍정적인 영향을 미친다.

3. 선정 및 활용

1) 교수매체의 선정

교수매체의 적절한 선택과 활용은 효과적인 학습이 일어나기 위해 매우 중요하다. '경험의 원추(cone of experience)' 모형을 제시한 에드가 데일(Edgar Dale, 1969)은 교수매체 선정의 기준을 다음과 같이 제안하였다.

① 전달하고자 하는 아이디어의 표현 정도
② 학습 내용 전달에 도움이 되는 정도
③ 학습자의 연령, 지능, 경험 등의 개인적인 특성에 적합한 정도
④ 매체의 물리적 조건에 만족하는 정도
⑤ 학습자의 사고력과 비판적 능력 배양에 도움이 되는 정도
⑥ 매체 이용에 요구되는 시간, 비용, 노력에 상응하는 가치의 정도
⑦ 효과적인 사용을 간략하게 제공하는 안내서(guide)의 존재

이 외에도 레이저와 가네(Reiser & Gagné, 1983)는 교수설계자, 교사, 매체 전문가, 훈련 담당자 등을 포함한 수업설계 팀이 수업매체 선정 시 고려해야 할 요소를 다음과 같이 제안하였다.

① 학습자, 학습 목표, 수업 사태
② 물리적 속성
③ 수업 장면
④ 비용과 활용성

이상에서 살펴본 바와 같이, 교수매체의 선택은 효과적인 수업을 위해 필수적으로 이루어져야 할 활동이다. 또한 교수설계의 전체 과정에서 다양한 상황과 종합적인 기준과 요소들을 고려하여 이루어져야 한다. 적절한 교수매체의 선정에 영향을 미치는 요인을 정리하면 〈표 5-2〉와 같다(이성흠, 이준, 2010).

❖ 표 5-2 ❖ 교수매체 선정 기준

	관점과 고려사항	평가사항
학습 내용	학습 목표와의 적절성	매체에서 제시되는 내용과 학습 목표와의 일치도
	내용의 신빙성	매체의 제작과 관련된 내용의 신빙성과 최신성
	학습 동기 유발 요소	매체 사용에서 학습 동기 유발의 가능성
	내용의 전개와 균형	내용의 전개와 균형의 정도
인적 요소	학습자 특성	학습자의 일반적 특성과 학습 집단의 크기
	교수자 특성	교수자의 매체에 대한 태도나 사용능력
	매체전문가 특성	수업에서 매체전문가의 활용가능성
매체의 속성	학습 내용에 요구된 처치 정도	구체적 실물에서 추상적 상징체제 표현의 적절성
	기술적인 질의 정도	매체가 가지는 화질, 녹음, 음악, 색상의 정도
	가격의 적정성	매체의 구입 또는 복사 관련 비용과 효과
	기타 사항	수업과 관련된 선정에 추가되어야 할 평가요소

이성흠과 이준(2010)은 교수매체 선정 시 고려해야 하는 요소에 대해서 다음과
같이 설명하였다.

① 학습 내용: 교수매체를 선정할 때 가장 먼저 고려해야 하는 요소는 학습 내용
이다. 선정한 교수매체가 학습 내용과 부합되는지, 학습 목표를 도달하도록
돕는지, 교수매체에서 다루고 있는 내용이 신빙성이 있는지, 교수매체가 학
생들의 동기를 유발하고 있는지 등을 고려해야 한다.
② 인적 요소: 교수매체를 선정할 때 두 번째로 고려해야 하는 요소는 인적 요소
이다. 선정된 교수매체가 학습자들의 발달 정도와 학습자 특성을 고려하고
있는지 살펴보아야 한다. 그리고 그것을 다룰 수 있는 교수자의 특성을 고
려하고, 교수자 스스로 교수매체를 다룰 수 없다면 교수매체 전문가를 초빙
하는 것도 고려해야 한다.
③ 매체의 속성: 교수매체를 선정할 때 세 번째로 고려해야 하는 요소는 그 매체
의 속성이다. 교수매체 자체의 특성이 학습 내용과 부합되어야 하고, 기술
적인 구현 정도와 가격 등을 고려하여 효율적인 수준에서 교수매체를 선정
해야 한다.

2) 교수매체 선정 시 고려사항

적절한 교수매체의 선택은 수업에서의 교수목표 도달과 학습 내용의 효과적인
전달을 위해 매우 중요하다. 교수매체의 선택은 여러 가지 상황을 고려하여 수업
전, 교수설계의 모든 과정 중에 이루어져야 한다. 매체 선택에 영향을 주는 요인
으로는 다음과 같은 것이 있다(박성익, 임철일, 이재경, 최정임, 2011).

(1) 학습자 특성
연령, 지적 수준, 적성, 태도 등과 같이 매체를 사용하는 학습자 개개인의 개성
과 차이는 매체를 선택하는 데 있어서 영향을 미친다. 예를 들면, 연령이 낮은 학

습자와 연령이 높은 학습자에게 정보를 제공하기 위해 선택하는 매체의 종류는 다르다.

(2) 수업상황
수업상황은 수업 집단의 형태 및 규모(소집단, 대집단), 수업의 방법(교사 중심, 학생 중심, 설명 중심, 발견 중심) 등의 교수전략을 포함한다. 예를 들면, 소집단의 개별학습에서 학습자는 컴퓨터와 같이 개별학습이 가능한 매체를 사용하지만, 대집단의 설명식 수업에서는 빔프로젝터와 파워포인트를 사용하는 것이 일반적이다.

(3) 학습 목표와 내용
학습 목표와 내용에 따라서 매체 선정이 달라질 수 있다. 예를 들면, 학습 목표가 '다섯 가지 식품군을 구별할 수 있다' 와 같이 지적 기능을 다루는 것이라면 다섯 가지 식품군을 보여 줄 수 있는 그림이나 사진을 사용할 것이다. 그러나 목표가 '건강에 해로운 식품 섭취를 줄일 수 있다' 와 같이 태도와 관련된 것이라면 TV나 비디오와 같은 시청각매체를 활용하는 것이 더 효과적이다.

(4) 매체의 물리적 속성과 기능
매체가 갖고 있는 물리적 속성과 그 본연의 기능은 매체의 선택에 영향을 미친다. 즉, 매체의 속성인 시각, 청각, 시청각, 크기, 색채 등을 고려하여 수업상황과 내용에 적절한 매체를 선택해야 한다.

(5) 수업장소의 시설
수업이 진행되는 교실의 시설 및 환경은 매체의 선택에 영향을 미친다. 매체의 기능을 충분히 활용하기 위해서는 시설과 시스템이 갖추어져 있어야 한다. 최근에는 전자교탁과 빔프로젝터, 인터넷과 네트워크가 구비된 스마트러닝 교실의 보급이 점차 확산되고 있다.

(6) 실용적 요인

사용하고자 하는 매체의 실용성은 매체 사용에 가장 큰 영향을 미치는 요소 중의 하나이다. 즉, 매체 사용의 용이성, 사용할 수 있는 여건의 구비 등이 주로 매체의 이용 여부를 결정한다. 이러한 실용성에 영향을 미치는 요인들로는 이용 가능성, 시간, 난이도, 비용 등이 있다.

3) 교수매체의 활용(ASSURE 모델)

교수자는 수업을 계획하고 준비하는 데 있어서 목표 진술뿐만 아니라 기술의 활용 및 방법, 매체 선정, 매체 사용 시간 및 배분, 문제 대응 및 해결안 등에 대해 구체적으로 계획해야 한다. 이를 위하여 학습자 분석, 목표 설정, 자료의 선택과 활용, 학습자의 행동 분석, 평가 및 수정 등이 체계적으로 이루어져야 한다. 교수매체의 체계적인 활용을 위해 하이니히(Heinich, 1996)는 ASSURE 모델의 6단계를 [그림 5-1]과 같이 제시하였다(Heinich, Molenda, Russell, & Smalsino, 2002).

A	S	S	U	R	E
Analyze learners	State objectives	Select media and materials	Utilize media and materials	Require learner participation	Evaluate and revise materials

❖ 그림 5-1 ❖ ASSURE 모델의 6단계

(1) 1단계: 학습자 분석(Analyze learners)

학습자 분석에서 고려해야 할 요소로는 연령, 학습 수준, 일반적 특성, 사전 지식, 능력, 태도, 특별한 출발점 능력, 학습 양식 등이 있다.

(2) 2단계: 목표 진술(State objectives)

수업목표는 수업 후에 바라는 학습자의 상태를 '학습자가 무엇을 할 수 있다'

와 같은 행동 용어로 진술한다. 예를 들면, '학습자들의 수학적 능력이 향상된다' 보다는 '학습자들은 자연수와 소수를 구별할 수 있다' 와 같이 구체적으로 기술하는 것이 바람직하다. 또한 학습자가 목표를 성취했다고 증명할 수 있는 행동을 보여 주는 조건과 목표 기준을 제시하는 것이 좋다. 예를 들면, '학습자들은 5개의 두 자리 자연수의 뺄셈 문제 중 4개를 맞힐 수 있다' 와 같이 기술할 수 있다.

(3) 3단계: 매체와 자료 선정(Select media and materials)

학습 목표를 설정한 후에는 목표를 성취하기 위한 적절한 수업방법과 매체를 선택하고 실행하기 위해 필요한 자료를 결정해야 한다. 필요한 자료의 선정을 위해 이용 가능한 자료를 선정하거나, 기존의 자료를 수정, 또는 새로운 자료를 설계 및 개발하는 방법이 있다. 자료를 선택하는 경우에는 선택 기준을 미리 정하는 것이 바람직하다.

(4) 4단계: 매체와 자료의 활용(Utilize media and materials)

수업자료를 선정한 후에는 자료들을 활용하기 위한 계획이 필요하다. 매체와 자료를 활용하는 과정으로는 ① 이용 가능한 자료의 점검 및 연습, ② 기존 자료의 수정 및 준비, ③ 수업 및 환경 준비, ④ 필요한 기자재 확인, ⑤ 학습자 준비 시키기, ⑥ 학습 경험 제공하기의 여섯 단계가 있다.

(5) 학습자 참여 유도(Require learner participation)

효과적인 매체 활용 수업을 위해서는 학습자의 능동적인 참여가 매우 중요하다. 이를 위해 학습자가 지식과 기술을 활용하는 과정 중 즉각적이고 적절한 피드백과 연습의 기회가 제공되어야 한다.

(6) 평가와 수정(Evaluate and revise materials)

수업이 끝난 후에는 학습자에게 미친 영향과 효과를 확인하기 위해서 전체 수업과정의 평가가 이루어져야 한다. 평가는 학습자의 수업목표 달성 여부 및 학업 성취도, 수업방법의 적절성, 매체의 목표 달성 지원 여부, 학습자들의 자료 활용도 등의 내용을 포함하는 수업방법과 매체 전반에 대하여 이루어진다.

| 제6장 | 교수설계이론 |

1. 교수설계의 개념

　교수설계이론은 효과적인 학습을 위해 최적의 교수학습 방법을 처방하는 것을 목적으로 한다. 교수설계이론은 학습자가 목표를 달성하기 위해 필요한 교수전략과 일련의 처방을 탐구한다. 교수설계는 '전략설계'로 보는 구체적인 입장과 '프로그램 개발의 과정'으로 보는 포괄적인 입장으로 분류된다. 교수설계는 학습자를 현재의 상태에서 미래의 원하는 상태로 변화시키기 위해 최선의 교수방법을 고안하고 결정하는 과정이 교수설계라로 본다. 교수설계가 학습 성과를 최적화하기 위한 교수활동을 처방하는 지식체라고 보는 것이다. 가네와 브릭스(Gagné & Briggs), 메릴(Meril) 그리고 라이겔루스(Reigeluth)의 교수설계이론은 바람직한 학습과 발달을 이끌어 내는 구체적인 지침을 제공한다.

　라이겔루스는 교수설계를 포괄적인 의미로서의 교수체제 개발로 보았다. 따라서 교수설계는 '프로그램 개발의 과정'을 위해 교수활동을 분석, 설계, 개발, 실행 및 평가하는 체제적 과정으로 정의된다.

2. 교수설계 모형

1) ADDIE 모형

교수설계의 범위는 한 시간 수업에서부터 하나의 교과목, 그리고 한 학교의 교육과정에 이르기까지 다양하다. 교수설계 모형은 이러한 대상을 하나의 체제로 보고 체제적으로 접근하며 다음과 같은 분석, 설계, 개발, 실행, 평가의 과정을 포함한다(박숙희, 염명숙, 2007).

(1) 분석(Analysis)
학습과 관련된 요인을 분석하여 가장 바람직한 상태와 현재의 상태 간의 차이를 확인하여 문제를 선정한다. 분석에는 요구 분석, 학습자 분석, 환경 분석, 직무 및 과제 분석이 포함된다.

(2) 설계(Design)
선정된 문제의 해결을 위해 구체적인 목표를 도출하고 최적의 교수전략 및 교수매체를 선정하고 평가도구를 개발한다.

(3) 개발(Development)
설계 단계에서 선정된 전략과 교수매체를 수업에서 실제로 사용하기 위해 자료를 제작한다. 만들어진 자료는 교과 전문가와 학습자를 대상으로 형성평가를 실시한다.

(4) 실행(Implement)

개발된 자료를 실제 교육 현장에서 활용하고 관리한다. 이때 필요한 시설, 예산, 기자재 등을 미리 점검하고 지원체제에 대한 대책을 수립한다.

(5) 평가(Evaluation)

프로그램과 자료의 효과성과 효율성을 측정하기 위해서 총괄평가를 실시한다. 프로그램이 교육목적을 충족해 줄 수 있는지에 대해 전문가를 통해서 평가하거나 교육현장에서 실제로 적용하여 그 결과를 평가한다.

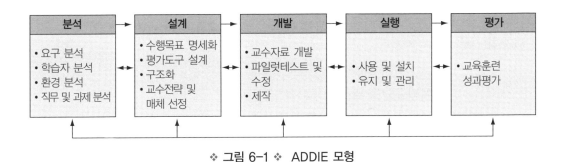

❖ 그림 6-1 ❖   ADDIE 모형

2) 딕과 캐리의 모형

딕(Dick)과 캐리(Carey)는 교수 프로그램을 개발하는 데 필요한 일련의 단계의 역동적인 관련성을 중심으로 교수설계 모형을 개발하였다. 이 모형은 투입과 산출 관계에서 서로 밀접한 관계를 가지고 있으며 총 10단계로 구성되어 있다. 즉, 목적규명을 위한 요구사정, 교수분석, 학습자 및 환경 분석, 수행목표 진술, 평가도구 개발, 교수전략 개발, 교수자료 개발 및 선정, 형성평가 설계 및 실시, 수정 및 보완, 총괄평가 설계 및 실시의 단계로 구성되어 있다.

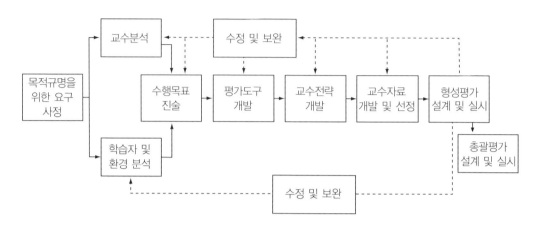

❖ 그림 6-2 ❖ 딕과 캐리의 모형

출처: Dick, Carey, & Carey(2005).

(1) 목적규명을 위한 요구사정

이 단계에서는 수업을 마쳤을 때 학습자들이 획득해야 할 지식, 기능, 태도 등을 결정하여 최종목적을 설정하게 된다. 요구 분석이나 수행 분석, 교육과정 분석 등을 파악하여 최종목적을 설정한다.

(2) 교수분석

이 단계에서는 학습자가 배워야 할 학습 유형을 구분하고 학습 과제 및 하위기능과 절차를 분석하고 결정하게 된다.

(3) 학습자 및 환경 분석

선행 지식, 적성, 학습 양식, 동기, 태도 등 학습자의 특성을 분석하는 단계이다. 또한 교수자가 처하게 될 환경을 검토하고 의도한 교수를 적절히 지원할 수 있는 시설, 장비, 자원을 분석한다.

(4) 수행목표 진술

교수 분석, 학습자 분석 등을 기반으로 수업을 마쳤을 때 성취해야 할 수행목표를 구체적으로 기술한다.

(5) 평가도구 개발

학습 목표와 관련하여 평가 문항을 개발함으로써 학습자의 학습 성과를 측정할 수 있도록 준비한다. 어떤 유형의 검사 문항이나 평가 과제가 학습자의 수행을 가장 적절하게 평가할 것인가를 고려한다.

(6) 교수전략 개발

수업전개 방법과 절차를 개발하고 교수매체 활용에 대한 계획을 세우며 학습 내용 제시전략, 교수 계열화, 동기유발 전략, 학생참여 전략 등을 고려한다.

(7) 교수자료 개발 및 선정

교수전략에 따라 교수 프로그램, 수업자료, 학습자 지침서, 교사 안내서, 검사지 등을 개발하고 선정한다. 새로운 자료의 개발 여부는 학습 목표, 학습 유형, 기존 자료 활용성 등에 따라서 결정한다.

(8) 형성평가 설계 및 실시

앞 단계까지 개발된 교수 프로그램을 형성평가하여 수정 및 보완한다. 일대일 평가, 현장평가, 소집단평가 등을 활용할 수 있다.

(9) 수정 및 보완

형성평가 결과에 따라 학습 목표와 관련하여 미흡한 부분을 확인하고 수정 및 보완한다. 또한 학습 과제 분석의 타당성, 학습자 특성 등을 재검토하고 교수전략이 효과적인지를 살펴본다.

(10) 총괄평가 설계 및 실시

형성평가를 통해 수정 및 보완된 교수 프로그램에 대한 효과성을 총괄적으로 평가한다. 총괄평가는 설계자, 팀 구성원 외에 외부 전문가에 의한 평가도 실시된다.

3) 4C/ID 모형

4C/ID(Four-Component Instructional Design) 모형은 반 메리엔보어(van Merriënboer, 1997)가 인지부하이론을 기반으로 복합적 인지과제를 학습할 때 활용하기 위해 제시한 교수설계 모형이다. 4C/ID 모형은 분석과 설계에 초점을 두며, 미시적 수준의 설계를 대상으로 한다. 또한 기술적 교수설계 모형과 처방적 교수설계 모형, 객관주의적 관점과 구성주의적 관점을 함께 적용하고 있다.

4C/ID 모형은 학습 과제(Learning Tasks), 지원적 정보(Supportive Information), 절차적 정보(Procedural Information), 부분과제 연습(Part-task Practice)의 네 가지 구성요소로 이루어지며 과제 및 정보의 제시방식, 유형, 시기 조절 등을 통해 학습자가 복잡한 인지기능 및 메타인지기능을 습득할 수 있도록 돕는다(van Merriënboer & Kirschner, 2007).

4C/ID 모형은 4단계로 구성되는데, 1단계와 2단계는 분석 단계이며, 3단계와 4단계는 설계 단계이다. 1단계는 원리화된 기능의 분해로 복합적 인지기능을 부분기능의 위계, 목표 행동, 학습 유형에 따라 분류한다. 2단계는 부분기능과 관련 지식의 분석으로 복합적 인지기능과 그 기능의 부분기능의 수행에 포함되어 있는 부분기능과 부분기능 상호 간의 관련성을 분석한다. 3단계는 전체과제 및 부분과제 연습설계, 연습 전과 중의 정보 제시 등을 위한 교수방법을 선택하고 구체화한다. 4단계는 학습 환경 개발로 전체적인 훈련전략 및 학습 환경의 청사진을 제시하고 개발한다.

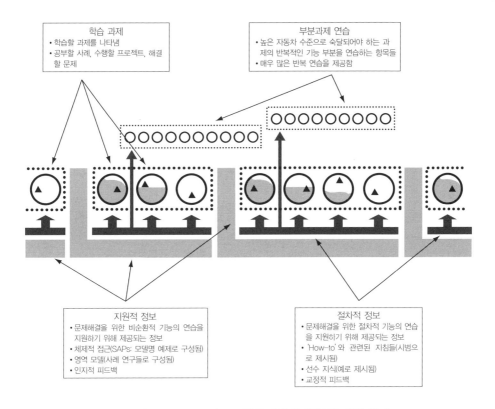

❖ 그림 6-3 ❖ 4C/ID 모형의 요소와 정보의 제시 시기

출처: van Merriënboer & Kirschner(2007).

3. 교수설계이론

1) 가네와 브릭스의 교수설계이론

　가네는 학습 성과 영역의 성격이 상이하고 다양한 것처럼, 각 성과 영역을 달성하는 학습 조건도 그에 적합하도록 다양하게 처방되어야 한다고 보았다. 성과 영역별 최적의 학습 조건을 내적 조건과 외적 조건으로 제안하고, 내적 조건은 학습자가 이전에 습득한 선수 능력의 회상이나 획득을, 외적 조건은 학습자 외

❖ 표 6-1 ❖ 학습 성과 유형에 따른 학습의 조건

학습 성과 유형		표준능력 동사	내적 조건 (선수학습 능력)	외적 조건(교사가 할 일)
언어정보	명칭	• 열거하다, 암송하다	• 언어연쇄를 기억함	• 명칭을 영상이나 의미 있는 문장에 연결시켜 기호화함
	사실	• 진술하다	• 의미 있는 정보의 맥락을 기억함	• 보다 큰 정보의 맥락 속에서 사실을 귀속시킴
	지식	• 요약하다	• 관련된 정보의 맥락을 기억함	• 새로운 지식을 관련된 정보의 맥락 속에 구속시킴
지적기능	변별	• 변별하다	• 자극-반응 결합을 기억함	• 동일한 자극과 상이한 자극을 제시하는 상황을 반복하며 피드백을 제공함
	구체적 개념	• 확인하다	• 관련된 대상의 특정분류에 관해 기억함	• 대상의 관련성 없는 특징을 바꾸어 가며 개념의 여러 가지 예를 제시함 • 학습자가 개념의 예를 파악하도록 함
	추상적 개념	• 분류하다	• 구성 개념들을 기억함	• 개념의 구성요소를 제시하거나 개념의 정의를 언어적으로 나타냄 • 학습자가 개념을 나타내 보이도록 함
	원리	• 시범 보이다	• 구성 개념 또는 하위 원리들을 기억함	• 원리를 언어적으로 나타냄 • 학습자가 원리를 적용해 보도록 함
	고차적 원리 (문제해결)	• 산출하다	• 관련된 원리와 하위 원리들을 기억함	• 새로운 문제를 제시함 • 문제해결을 하도록 기회를 제공함
인지전략		• 창안하다	• 관련된 원리와 개념들을 기억함	• 해결방안이 구체화되지 않은 새로운 문제 상황을 연속적으로 제시함 • 학습자가 문제해결을 하도록 기회를 제공함
운동기능		• 실행하다	• 구성, 운동연쇄들을 기억함	• 실행의 하위 단계들을 확립하거나 기억함 • 운동기능을 전체적으로 연습함
태도		• 선택하다	• 모방의 대상을 존경해야 함 • 목적된 개인행동과 관련있는 정보 및 지적기술을 기억해야 함	• 사람에 대한 존경심을 확립하거나 기억함 • 직접경험 혹은 존경하는 인물의 관찰에 의한 간접경험을 통해 개인적 활동을 보상함

부의 교수사태를 통해서 학습자의 내적 인지과정을 활성화하는 다양한 교수처방이라고 하였다. 가네와 브릭스(Gagné & Briggs, 1979)는 학습 성과를 언어정보 세 가지 영역과 지적기능 다섯 가지 영역으로 세분화하고 인지전략, 운동기능, 태도를 포함하여 총 열한 가지를 제시하였다(이화여자대학교 교육공학과, 2001; 홍기칠, 2012).

교수사태(instruction events)는 학습자의 내적 학습 과정을 지원해 주는 외적 학습 조건이나 상황을 의미한다. 다시 말해, 한 시간의 단위수업에서 수업성과를 극대화하기 위한 운영 원리라 할 수 있다. 일반적으로는 도입, 전개, 정리 단계로 한 단위의 수업을 나눌 수 있다. 세부적으로는 아홉 가지 교수사태로 구분하여 학습자의 내적 인지과정에 기초한 외적 조건을 제공할 수 있다.

아홉 가지 교수사태는 모든 수업에 일괄적으로 적용되는 것은 아니다. 수업의 내용과 특성, 학습자의 수준 및 환경 등에 따라 아홉 가지 전부 또는 일부를 적용하거나, 융통성 있게 순서를 변용할 수 있다. 일련의 사태를 수업에 도입함으로써 학습의 내적 인지과정이 촉진되고 학습이 효과적으로 이루어질 수 있다.

교수사태는 수업을 계획하거나 프로그램을 개발하는 교수설계자에게 효과적으로 교수학습을 위한 처방을 제공해 줄 수 있다. 수업 단계에 따른 교수사태를 제시해 보면 다음과 같다(강이철, 2009; 이화여자대학교 교육공학과, 2001; 홍기칠, 2012).

❖ 표 6-2 ❖ 학습 과정과 교수사태

학습 과정	교수사태
주의	• 주의 획득하기
동기화	• 학습자에게 수업목표 알리기
선택적 지각	• 선수학습 회상 자극하기 • 자극 제시하기
의미적 부호화 장기기억에 저장	• 수행 유도하기
피드백	• 피드백 제공하기 • 수행평가하기 • 파지와 전이 촉진하기

(1) 수업의 도입 단계

① 주의집중 획득: 수업은 학습자의 흥미를 유발하거나 관심을 끄는 자극적인 자료를 제시하거나 또는 사건, 사고, 이야기 및 역사적 인물의 일화 등으로 시작하여 학습자의 주의집중을 획득하는 것이 효과적이다.

② 수업목표 제시: 수업을 통해 학습자에게 변화되기를 기대하는 '새로운 행동'이 무엇인지를 알려 줌으로써, 수업이 진행되는 동안 모든 학습 활동이 구체적으로 명시된 학습 목표에 초점을 맞추어 설계 · 개발 · 적용되도록 목표를 제시한다.

③ 선수학습 상기: 학습은 지속적이고 누적적인 활동이기 때문에 선수학습에 대한 숙달 여부가 새로운 학습을 실시하는 데 있어서 중요한 의미를 갖는다. 학습에 필요한 선수학습 능력의 재생을 위해 교사는 사전에 학습한 것을 학습자에게 상기시켜 준다.

(2) 수업의 전개 단계

① 학습 자료의 제시: 수업을 통해 구체적인 학습 자료를 제시하는 단계이다. 학습 내용에 따라 다양하고 효과적인 제시 방안을 고안해야 한다.

② 학습 안내 제공: 학습자의 학습 내용에 대한 이해 수준에 따라 보다 개별적인 학습 안내와 지도를 제공하는 단계이다. 학습 자료가 개별 학습자의 장기기억에 유의미하게 저장되기 위해서는 다양한 상황과 맥락을 이용하여 구조적으로 제시하는 것이 효과적이다.

③ 연습: 학습자에게 특정 능력을 습득시키기 위해 배운 내용을 스스로 연습하고 실행해 볼 수 있는 기회를 제공하는 단계이다. 학습 내용을 여러 가지 문제 해결 상황에 반복적으로 적용하는 연습을 함으로써 학습자는 내용을 보다 깊이 이해할 수 있다.

④ 피드백의 제공: 학습자의 수준이나 결과에 따라 피드백을 제공하는 단계이다. 피드백은 정 · 오 확인 피드백, 설명적 피드백, 오류교정 피드백 등의 다양한 형태가 있다. 이러한 피드백의 제공은 처방적 수업이 되게 한다.

(3) 수업의 정리 단계

① 형성평가: 수업의 종결 시점에서 학습 목표가 성취되었는지의 여부를 확인하기 위하여 평가를 실시하는 단계이다. 평가 결과는 차기 수업을 개선하기 위한 자료로 활용된다.

② 파지 및 전이: 수업의 마무리 단계에서 학습자가 학습한 지식과 기술을 요약·정리하거나, 다음 시간의 학습 내용과 관련짓는 단계이다. 주변의 유사한 문제 상황에도 적용하여 학습의 파지와 전이가 일어나도록 한다.

2) 라이겔루스의 교수설계이론

라이겔루스(Reigeluth)는 교수내용의 선정, 계열, 종합, 요약의 방법으로 정교화이론(Elaboration Theory of Instruction: ETI)이라는 교수설계이론을 제안하였다. 정교화이론은 계열화 원리를 기반으로 교수내용을 단순하거나 간단한 것에서부터 세부적이고 복잡한 것으로 조직화한다(Reigeluth, 1979, 1983, 1987).

교과과정이 가져야 할 이상적인 학습 구조나 계열성에 대한 통합적 연구를 기초로 수업설계자들에게 수업설계의 방향을 제시하는 것이 정교화이론(Reigeluth, 1979; Reigeluth & Stein, 1983)이다. 정교화이론에서 제시하고 있는 수업설계의 일곱 가지 원리는 다음과 같다(Reigeluth, 1987).

(1) 정교화 계열

정교화 계열은 학습 내용을 단순한 것에서부터 복잡한 것으로 제시하는 내용조직 전략이다. 정교화 계열은 '줌 렌즈'로 비유(Reigeluth, 1987)되는데, 전체를 먼저 학습하고, 줌인(zoom-in)하여 세부적인 부분과 그들의 상호관계를 학습한 후, 다시 전체 영상 내에서 한 부분의 맥락을 복습하는 방식이다. 이후 다시 줌인과 줌아웃의 활동을 반복하면서 점차로 자세한 부분을 학습한다.

(2) 선수학습의 계열

선수학습이란 어떤 학습 과제를 학습하기 위해 학습자가 미리 학습하거나 이미 습득하고 있는 것이다. 선수학습의 계열화는 새로운 정보를 학습하기 전에 어떠한 지식이나 정보를 먼저 학습해야만 하는지를 보여 주는 학습 구조(learning structure)를 기초로 한다(Reigeluth & Stein, 1983).

(3) 요약자

요약자는 이미 학습한 것을 체계적으로 검토 또는 복습하기 위해 사용하는 수업전략으로서 이미 배운 각 아이디어에 대한 진단적·자기평가적 연습문제를 제공하기도 한다(Reigeluth & Stein, 1983; Reigeluth, 1987; Reigeluth & Curtis, 1987).

(4) 종합자

종합자는 각각의 아이디어를 서로 연결시키고 통합시키기 위한 수업전략이다(Reigeluth, 1987). 종합자는 각각의 아이디어를 비교함으로써 수업의 전체적 윤곽 속에서 아이디어들이 어떻게 연결되어 있는지를 제시해 주어, 수업의 의미와 동기 및 파지를 증가시킨다(Ausubel, 1968; Keller, 1983).

(5) 비유

비유는 학습자가 이미 알고 있거나 친숙한 지식과 맥락 속에서 새로운 정보(topic)를 제시하여, 보다 쉽게 이해할 수 있도록 도와주기 위한 수업전략이다. 비유는 학습자가 자신의 경험 내에서 더욱 구체적인 것을 상기시키고 추상적이고 복잡한 아이디어를 쉽게 이해할 수 있도록 준비시켜 준다(Curtis & Reigeluth, 1984; Reigeluth, 1983).

(6) 인지적 전략 활성자

라이겔루스는 의미 있는 수업이 되기 위해서는 학습자가 기존에 가지고 있던 지식을 활성화해야 한다고 보았다. 인지적 전략 활성자는 새로운 지식을 이미 알고 있는 지식과 연결하여 의미 있는 학습이 될 수 있도록 돕는다. 학습자가 자신의 인지전략이나 인지과정에 대해 인식하고 그것을 적절히 조절하도록 자극하고 도와주는 활성자이다. 이 활성자를 어느 정도 적절하게 자극할 수 있느냐에 따라서 학습 효과가 달라진다. 이러한 인지적 전략 활성자는 기억 조성술이나 비유 등이 내용과 함께 제시되는 삽입전략 활성자(embedded strategy activator)와 학습자에게 사전에 학습한 인지전략을 사용하도록 권하면서 "비유해서 생각해 보시오." "기억법을 사용해 보시오." 등과 같이 지시문을 제공하는 독립전략 활성자(detached strategy activator)가 있다.

(7) 학습자 통제 유형

학습자 통제는 학습자 자신이 학습할 내용, 속도, 인지전략을 선택할 수 있는 대안들을 선택하고 활용하는 자율을 줌으로써 스스로 학습을 통제할 수 있도록 하는 전략이다(Merill, 1983; Reigeluth & Stein, 1983). 학습자 통제 유형은 학습 내용에 대한 통제와 수업전략에 대한 통제로 구분된다. 학습 내용에 대한 학습자 통제는 습득한 선수 지식을 이미 가지고 있는 학습자에게 수업의 선택권을 제공하는 것이고, 반면 수업전략에 대한 학습자 통제는 실례, 연습 문항, 선택적 표현과 같은 미시적 전략요소의 형태, 순서, 개수와 요약자, 종합자, 비유와 같은 거시적 전략요소의 형태와 시기를 선택할 수 있도록 한다.

3) 켈러의 학습 동기설계이론

학업성취에 있어서 동기의 중요성은 많은 학자가 강조해 왔으며, 최근 연구에 의하면 동기는 학업성취의 주요 요인으로서 학업성취 변량의 16~38%에 해당된다(Means, Jonassen, & Dwyer, 1997). 켈러(Keller)는 동기에 관한 여러 선행 연구와 이론을 종합하여 교수학습 상황에서 학습 동기의 중요성을 체계적으로 제기하여 학습 동기 설계 및 개발의 구체적 전략들을 밝혀내기 위한 기본적인 틀을 제공하였다. 학습동기이론은 학습에 관한 행동주의이론과 인지주의이론을 바탕으로 학습 동기에 관한 연구와 통합되어 보다 효과적이고 효율적인 교수 상황을 제공하기 위한 체계적인 지침을 제공하고 있다.

(1) ARCS 모형의 가정 및 전제

ARCS 모형은 다음과 같은 몇 가지 가정을 전제로 한다.

① 학습 동기는 동기전략에 의해 조절될 수 있다(Bickford, 1989). 켈러(1987)는 교실수업의 경우, 학습자들이 활용된 효과적 동기전략들에 대해 전체로서 반응할 것이라고 가정한다. 이는 교사의 교수전략이 어떠한가에 따라 학업성취가 높아질 수 있다는 것과 같은 맥락이다.

② ARCS 모형을 적용하려는 수업은 효과성을 내재하고 있어야 한다. 즉, 수업 자체가 효과성이 있어야 동기전략을 제공했을 때 역시 수업의 효과성이 발생한다. 따라서 학업성취 향상에 간접적인 영향을 미치기 위한 동기설계 모형으로 보아야 한다.

③ 동기의 조절은 체계적이고 체제적인 접근방법을 활용함으로써 촉진될 수 있다. 체계적 접근은 한 체계의 구성요소 간의 관계를 중요시하는 방식으로, 논리 순서에 따라 하나씩 절차를 따라가는 선형적·단계적 접근방식이다. 반면, 체제적 접근은 단계를 따르지 않고 언제 어디서나 학습할 수 있는 통합적·전체적·순환적 접근방식이다. 동기의 조절은 그 구성요소 간의 관계를 고려하는 문제해결방식과 발견적 접근방식을 통해 촉진될 수 있다.

(2) ARCS 모형의 특징

ARCS 모형의 특징은 다음과 같이 몇 가지로 제시할 수 있다.

① ARCS 모형은 동기에 대한 설명, 교수설계의 단계별 과정, 그리고 필요한 동기전략을 모두 제공하고 있어서 이 모형을 수업에 사용할 경우 학습자의 동기특성을 진단할 수 있고, 수업의 설계과정에 맞추어 적절한 동기전략을 처방할 수 있다.

② ARCS 모형은 교사주도 수업에서의 동기유발을 위해 제안되었지만, 발견적·문제해결 접근에 근거하고 있기 때문에 컴퓨터 보조수업에도 사용될 수 있다. 또한 수업 도중에 학습 동기를 계속적으로 진단하고 처방하기 위해 효과적으로 사용될 수 있다(Song, 1998).

③ ARCS 모형은 간결하고 단순하여 교수자와 학습자가 쉽게 기억하고 활용할 수 있다.

④ ARCS 모형은 수업의 단계에 맞추어 고정된 동기전략을 처방하지 않고, 동기전략의 선택에 있어서 수업설계자의 경험과 전문성을 강조하기 때문에 발견적 문제해결과정에서 융통성 있게 사용될 수 있다.

(3) 학습 동기의 구성요소

켈러의 ARCS 모형은 동기유발을 위한 네 가지 요소인 주의집중(Attention), 관련성(Relevance), 자신감(Confidence), 만족감(Satisfaction)의 첫 글자를 따서 만들었다.

① 주의집중: 학습자는 학습 자극에 대한 흥미와 관심 그리고 호기심을 갖고 주의를 기울여야 학습할 수 있다. 주의집중을 위한 구체적인 수업전략으로는 신기하고 예기치 못한 수업방법을 활용하여 주의를 포착하거나(주의환기), 신기성을 자극하는 상황을 제시하여 지속적으로 호기심을 유지시키거나(참신성), 수업방법과 내용을 다양화함으로써 주의를 꾸준히 유지시키는 방법(다양성) 등을 활용할 수 있다.

② 관련성: 학습자는 수행하고자 하는 과제가 학습자 개인의 욕구나 목적과 관련성이 있는 경우 더욱 긍정적인 해답을 제시하는 노력을 하게 된다. 학습자의 입장에서 학습 활동이 학습자의 흥미에 부합하고 의미 있고 가치가 있으며 장래의 중요한 목적을 달성하는 데 도움이 되거나 현재의 요구를 충족해 주는 구체적인 수업방법을 제공해 준다고 판단할 때 높은 동기를 유지하게 된다고 보는 것이다. 관련성을 제공하기 위한 구체적인 수업전략으로는

수업과 학습자 개인의 삶과 목표 간의 관련성을 제시해 주거나, 자율학습이나 협동학습 등과 같은 선행 경험을 제공하여 수업 내용과 방법에 대해 친숙해지도록 하는 방법 등이 있다.

③ 자신감: 자신감은 학습자 자신이 목표로 하는 과제를 달성하기 위해 자신의 능력을 활용할 수 있고, 자신에게 일어날 일들을 통제할 수 있다고 믿는 것이다. 자신감에는 학습 요건, 성공 기회, 개인적 조절의 세 가지 구성요소가 있다. 학습 요건은 학습자에게 수행의 필요조건과 평가 기준을 제시함으로써 학습의 성공 여부를 짐작할 수 있도록 하는 것이다. 성공 기회는 학습과정과 수행 조건에서 성공의 경험을 할 수 있는 적절한 수준의 도전감을 제공하는 것을 말한다. 개인적 조절은 성공에 대한 개인의 능력요인을 지원해 줄 수 있는 피드백과 통제의 기회를 제공하는 것이다.

④ 만족감: 만족감은 학습의 초기에 학습자의 동기를 유발시키는 요소라기보다는 유발된 학습 동기를 유지시키는 역할을 한다. 학습자들이 학습 경험에 대해 긍정적인 만족감을 갖기 위해서는 다음과 같은 몇 가지 조건이 갖추어져야 한다.

첫째, 학습자의 내적 동기를 유지시키기 위한 내재적 강화이다. 학습자가 새롭게 습득한 지식이나 기능을 실제 또는 모의 상황에 적용해 볼 수 있는 기회를 제공하면 내재적 동기가 강화된다.

둘째, 바람직한 행동을 계속 유지시킬 수 있는 강화와 피드백을 제공하는 외재적 보상이다. 예를 들어, 좋은 수업태도를 보이고 성취검사에서도 만족할 만한 결과를 보인 학생들에게는 자신이 좋아하는 놀이를 할 수 있게 하는 것도 한 가지 방법이다.

셋째, 학습자의 학업성취에 대한 기준과 결과를 일관성 있게 유지시키는 공정성이다. 학습자는 학업수행에 대한 공정한 판단과 동시에 성공에 대한 보상이나 기타의 강화가 공정하게 주어진다고 지각할 때 학습 상황에 대한 만족감이 증가한다. 또한 학습 결과가 기대와 일치하게 되면 학습 동기는 유지되고 수행에도 긍정적인 영향을 미친다.

제7장 **학습자 중심 교육방법**

1. 자기주도학습

1) 자기주도학습의 개념

자기주도학습(Self-Directed Learning: SDL)은 학습자들이 학습 과정에 적극적으로 참여하여 고차원적인 수준의 사고와 행동의 학습 결과를 가져오기 위한 교육 방법이다. 이는 20세기 중반에 학습자를 수동적 존재로 가정했던 행동주의학습 이론에 대한 반성으로부터 출발하였으며, 최근에는 교육개혁과 관련하여 일상생활에서의 인간의 '자기통제(self-control)' 또는 '자기조절(self-regulation)' '성인교육'의 실천 방안 등이 연구되고 있다(나일주, 2007; 박숙희, 염명숙, 2007).

자기주도학습은 "학습자가 스스로 자신의 학습 목표(경험)를 계획하여 학습 요구(learning needs)를 진단하고, 학습 목표를 설정하며, 학습에 필요한 인적 · 물적 자원을 파악하여 적절한 학습 전략을 선택 · 실행하고, 학습 결과를 평가하는 등

의 일련의 학습 과정에서 스스로 주도적인 역할을 수행하는 학습" 이라고 정의된
다(Knowles, 1975). 즉, 자기주도학습은 학습자 자신이 학습에 대한 주도권을 가
지고 자신의 학습 요구를 진단하고, 학습 목표를 설정하며, 학습에 필요한 여러
가지 학습 자원을 확보하고, 학습 목표 달성에 적합한 학습 전략을 선택 · 실행하
여 자신이 성취한 학습 결과를 스스로 평가하는 과정과 활동을 의미한다.

자기주도학습은 학습자들의 이해, 의미 구성, 내용에 대한 추론, 문제 해결 그
리고 비판적 사고 등에 긍정적인 영향을 미치는 것으로 밝혀지고 있다. 자기주도
학습에서의 교수자의 역할은 다음과 같다(Borich, 2004).

① 효과적인 학습이 이루어지기 위해 언제, 어떻게 학습 전략을 사용해야 하는
지에 관한 정보를 제공한다.
② 실제 세계라는 상황적 맥락 속에서 학습 전략이 어떻게 활용되고 있는지에
관한 예제를 제공한다.
③ 학습자가 자신에게 주어진 정보를 가지고 자신의 사고방식과 선행학습에
기초하여 스스로 내용을 재구성할 수 있도록 기회를 제공하고 격려한다.
④ 학습자가 연습문제와 질의 · 응답을 하면서 복잡한 사고 유형을 계발하도
록 지원하고 학습에 대한 책임을 점진적으로 학습자가 더 많이 가지도록
한다.

2) 자기주도학습의 특징

학습 환경, 상호작용, 교사의 역할 변화 등을 강조하는 자기주도학습의 특징을
정리하면 다음과 같다(한국교육공학회, 2005; 백영균, 1999).

① 학습자 자신이 학습에 대한 주도권, 자율성, 책임성을 가지며 학습을 스스
로 계획 · 수행 · 평가하는 학습 환경을 만든다.
② 학습자 개인의 가치, 요구, 선호 등을 기초로 학습 목표, 학습 수준, 학습 내

용, 학습 방법 및 학습 평가 등이 결정된다.
③ 학습자 간의 상호작용이 있는 토론과 협력학습은 자기주도학습 환경의 매
우 중요한 요소이다.
④ 학습자의 개인차와 능력에 따라 학습 속도를 조절할 수 있다.
⑤ 학습 결과에 대한 책임은 학습자에게 있으며 자기평가를 평가의 중요한 요
소로 본다.

3) 자기주도학습의 절차

자기주도학습은 과제 선정, 학습 계획, 실행, 평가 등의 모든 과정에서 학습의
책임을 학습자에게 부여한다. 그러나 자기주도학습은 학습자 개인의 고립된 학
습 방식이 아니라 교사의 적극적인 협조와 자원인사, 동료 학습자의 협력, 풍부
한 학습 자원 등을 절대적으로 활용하는 학습 방식이다. 자기주도학습에서 교사
는 정보전달자 또는 탐구의 과정을 도와주는 학습촉진자의 역할을 한다. 자기주
도학습의 절차는 다음의 5단계로 제시할 수 있다(백영균, 1999; Borich, 2004;
Knowles, 2003).

(1) 학습 요구 진단 및 학습 과제 선정
학습자는 자신의 학습 요구를 분석하여 이를 기초로 학습 과제를 선정한다. 교
사는 학습 과제를 선정하고 학습을 촉진하는 역할을 수행한다. 교사는 출발점 행
동, 자기주도학습 능력 수준, 학습자의 사전 경험, 기대 등을 파악하기 위하여 대
상 학습자를 관찰하고 직접 만나서 면담하는 것이 필요하다.

(2) 학습 목표 설정
학습자의 요구분석을 통하여 학습 과제에 따른 학습 목표가 설정되어야 한다.
학습 목표는 학습 결과, 학습자가 보여 줄 수 있는 행동을 구체적으로 보여 주는
행위 동사를 사용하여 명시적으로 기술해야 한다.

(3) 학습을 위한 인적 · 물적 자원 파악

학습 과제를 계획하고 수행하는 데 필요한 유용한 자원을 확보하는 단계이다. 학습자의 선행 경험은 중요한 학습 자원이다. 학습자는 자신에게 친숙한 경험일수록 이해도가 높고, 이를 기초로 학습할 경우 높은 학습 효율성을 기대할 수 있다. 유용한 학습 자원으로는 교사, 동료 학습자, 자원인사 등의 인적 자원과 교재, 참고서적, 멀티미디어 자료, 인터넷 등의 물적 자원이 있다.

(4) 적절한 학습 전략 선정 및 실행

학습자는 자신이 결정한 학습 과제의 경우 스스로 다양한 학습 전략을 사용하여 성취할 수 있다. 학습자는 구체적인 학습 전략을 세우고, 그것에 따라서 자신의 학습을 실행한다. 교사는 학습자에게 도움을 제공하기 위해 학습자가 세운 학습 전략을 스스로 기술해 보게 한다. 또한 계획된 전략을 연습할 수 있도록 비슷한 과제를 제공하고, 학습 내용을 조직화하기 위한 효과적인 절차를 알려 준다. 학습의 실행과정에서 학습자가 자신이 세운 학습 전략이 바르게 실행되고 있는지에 대한 자기질문을 통하여 스스로를 평가할 수 있는 기회를 제공한다.

(5) 학습 평가

자기주도학습은 학습자가 학습 전략의 기획, 실행, 평가 등에 일차적인 책임을 갖는 것이 특징이다. 또한 학습 결과에 대한 학습자의 자기평가를 강조한다. 학습 평가는 자기주도학습의 효과성, 매력성, 효율성 등에 대한 자기평가뿐만 아니라 객관적인 평가도 함께 실행함으로써 평가의 타당성을 높인다.

2. 협동학습

1) 협동학습의 개념

협동학습(cooperative learning)이란 공동의 목표를 달성하기 위해 학습 능력이 다른 학습자들이 동일한 학습 과제나 학습 목표를 향해 소집단 내에서 함께 학습하는 것이다. 즉, 특정한 학습 문제 해결과정에 참여하는 구성원들이 공동의 학습 목표를 달성하기 위하여 전체는 개인을 위해, 개인은 전체를 위해 서로 격려하고 협력하면서 학습 부진을 개선해 나가는 구조화된 수업방법이다. 협동학습은 학습자들 간의 상호작용을 통한 팀학습과 탐구학습, 동료로부터 배우는 동료학습의 효과와 대인관계의 발전, 사고력의 향상 등을 강조한다(Slavin, 1990).

협동학습은 대개 3~6명 정도의 소집단으로 팀을 구성한 후, 각 소집단 내에서 학습자 중심으로 학습 과제를 수행하는 집단의 구성방식을 중요시한다. 이질 집단일 경우, 교사가 주도하여 구성하는 교사 중심의 구성방법이나 학습자들의 의견에 기초하여 구성하는 학습자 중심의 구성방법이 있다. 수업의 목표와 방법에 따라서 다양한 방식으로 집단을 구성하는 것이 가능하다. 집단의 구성방식 외에도 협동학습은 협동적인 과업 수행과 보상 수여, 동료 간의 지도, 학습자 간의 사

❖ 표 7-1 ❖ 협동학습과 전통적인 소집단 학습 비교

협동학습	전통적인 소집단 학습
상호작용 강조	상호작용이 거의 없음
소집단 활동이 활발함	소집단 활동이 활발하지 못함
이질 집단 구성	동질 집단 구성
리더십을 공유함	한 사람이 리더가 됨
책무성 강조	책무성이 없음
사회적 기능을 직접 배움	사회적 기능을 배우지 않음
교사의 관찰과 참여	교사의 관찰과 참여가 거의 없음

회성 향상을 도모한다는 특징을 가진다. 협동학습과 전통적인 소집단 학습을 비교하여 제시하면 〈표 7-1〉과 같다(변영계, 김광휘, 1999).

2) 협동학습의 절차

협동학습의 교수절차를 간략하게 제시하면 〈표 7-2〉와 같다(Arend, 1994).

❖ 표 7-2 ❖ 협동학습 단계와 교수자 행동

단계	교수자 행동
수업목표 제시	수업목표를 검토, 학습 태세 확립
학습 내용 제시	언어 또는 교재의 형태로 제시
팀 구성	팀 구성에 대한 설명 및 안내
팀빌딩, 학습 활동 전개	팀활동 지원, 상호의존성 조성 및 역할 분담, 학습 과제 설명
평가	팀별 결과 발표 및 평가
학업성취에 대한 보상	개인 및 팀의 노력과 성취에 대한 보상 제공

3) 협동학습 효과의 이론적 근거

협동을 통해 시너지 효과를 극대화하여 학습에 긍정적인 영향을 미치기 위해 고안된 협동학습은 동기론적 관점, 사회응집성 관점 그리고 인지발달론적 관점과 인지정교화적 관점에서 효과적이다(변영계, 김영환, 손미, 2007).

(1) 동기론적 관점

동기론의 대표적인 학자인 슬래빈(Slavin, 1990)은 전통적인 소집단과 구분되는 협동학습의 핵심요소를 집단보상, 개별책무성, 학습 참여의 균등한 기회보장으로 보았다. 이러한 관점을 가장 잘 보여 주는 협동학습 모형은 STAD(Student Teams-Achievement Division), 직소(Jigsaw) 모형, TGT(Team-Games-Tournament) 등이 있다. 협동학습의 핵심요소를 구체적으로 살펴보면 다음과 같다.

① 집단보상: 학습 성과에 대해 집단 내 학습자들에게 동일한 보상을 제공하는 것으로 학습 동기 유발에 효과적이며 성공적인 학습 풍토 형성에 긍정적이다.
② 개별책무성: 구성원이 팀 내에서 자신의 학습을 책임적으로 수행할 뿐만 아니라 팀원의 학습을 격려하고 돕는 의무이다.
③ 학습 참여의 균등한 기회보장: 누구나 동등하게 집단의 중요한 구성원임을 인정하고, 함께 참여할 수 있도록 동등한 기회를 부여한다.

(2) 사회응집성 관점

협동학습에서의 집단 구성원들은 다른 구성원들과 사회적 관계를 유지하면서 서로를 돕고 격려하는 것을 원하며 이를 위해 팀 형성을 강화하는 협동기술을 사용한다. 사회응집성을 강조하는 학습 모형으로는 직소 모형, 집단조사 모형, 자율적 협동학습 모형 등이 있다.

① 긍정적 상호작용(positive interdependence): 집단 내 학습자는 집단의 성공을 위하여 구성원 서로 간에 도움을 주는 관계에 있으며, 자신에게 할당된 과제를 열심히 학습하고 공유할 때 다른 학습자들에게 도움을 제공하게 되므로 결국 자신이 달성해야 할 목표를 완수할 때 집단의 과제가 성취되고 개인에게도 도움이 된다고 할 수 있다.
② 대면적 상호작용(face-to-face interaction): 집단 구성원들은 해당 집단의 목표를 달성하기 위해 다른 구성원을 격려하고 과제 수행에 필요한 각종 자료나 정보를 공유하며 피드백을 주고받는 등의 상호작용을 함으로써 과제 수행의 효과성과 효율성을 높인다.
③ 개별책무성(insividual accountability/personal responsibility): 협동학습 과정에서 일부 학습자는 집단 내 학습 활동에 적극적으로 참여하지 않고 다른 학습자

들의 과제 수행 결과에 무임승차(free rider)하려는 경우가 있다. 이를 방지하기 위해 교사는 집단 내 학습자 각자에게 할당된 과제의 범위와 내용을 명확히 제시해야 한다. 또한 집단 전체의 성과에 대한 평가 외에 집단 내 개개인의 활동에 대한 평가에 대해 공지함으로써 학습자 개개인의 책무성을 높이도록 한다.

④ 대인적 기술(interpersonal and small-group skills): 협동학습에서 학습자들의 협력과 성과 창출은 서로에 대한 신뢰와 친밀한 관계를 유지할 때 가능하다. 이를 위해 자신의 의사를 명확하게 전달하고, 타인과의 갈등을 원만하게 해결하는 기술, 경우에 따라 본인의 의견과 다른 의견을 수용하고 지지할 수 있는 능력을 확보해야 한다.

⑤ 집단과정(frequent and regular group processing): 협동학습에서의 집단과정은 집단활동에 대한 평가를 의미한다. 즉, 집단 구성원들의 활동이 상호 도움을 주었는지 아닌지, 집단의 성과를 제고하기 위하여 지속해야 할 사항과 개선해야 할 점은 무엇인지 등을 구체적으로 결정한다.

(3) 인지발달론적 관점과 인지정교화적 관점

① 인지발달론적 관점: 협동학습은 피아제(Piaget)와 비고츠키(Vygotsky)의 인지발달론적 관점과 유사한 관점을 가진다. 피아제는 인지 수준이 비슷한 사람 사이에서 발생하는 상호작용이 사회적 인지 갈등의 평형을 깨트리고 학습자의 내적·인지적 재구성을 유발시킴으로써 발달을 촉진시킨다고 보았다. 비고츠키는 근접발달이론을 제시하면서 이질 집단으로 집단을 구성하는 것이 학업성취도가 낮은 학습자에게 도움을 제공하는 데 효과적임을 강조하였다.

② 인지정교화적 관점: 정보가 기억되고 기존의 정보와 관련되어 인지적 재구성이나 정교화가 일어나는 데는 동료 학습자 간의 설명과 튜터링이 효과적으로 작용한다.

4) 협동학습 모형

교육 현장에 적용하기 위해 고안된 협동학습 모형은 〈표 7-3〉과 같다(이성흠, 이준, 2010). 이 모형들은 집단 내 구성원 간의 관계가 협동관계인지 또는 집단 간의 경쟁관계인지에 따라 협동적 프로젝트 유형과 학습자 팀학습 유형으로 구분된다(변영계, 김영환, 손미, 2007).

❖ 표 7-3 ❖ 협동학습 모형의 유형과 종류

협동적 프로젝트 유형	학습자 팀학습 유형
1. 과제분담학습 I (Jigsaw I)	1. 과제분담학습 II (Jigsaw II)
2. 자율적 협동학습(Co-op Co-op)	2. 성취과제분담(Student-Teams Achievement Division: STAD)
3. 집단조사(Group Investigation)	3. 팀경쟁학습(Teams-Games-Tournament: TGT)

(1) 직소 모형(과제분담학습 모형)

애런슨 등(Aronson et al., 1978)이 개발한 과제분담학습 모형(Jigsaw)은 학습 과제 분담을 통해 집단 구성원 간의 상호의존성과 협동을 개발하는 방법이다. 전체 학습 과제는 집단 내 구성원의 수에 따라 같은 분량으로 나눈 후 과제로 부여된다. 각 과제는 별도의 전문가 그룹에서 협동학습으로 동료와 함께 배우고 가르치는 과정을 거친 후, 원래의 집단으로 복귀하여 전문가 그룹에서 학습한 내용을 다른 학습자들과 공유하는 형태로 진행된다.

과제분담학습 모형은 여러 연구자에 의해 다양한 형태의 모형으로 진보되었으며, 다음에서는 직소(Jigsaw) I, II, III 모형을 소개하고자 한다.

① 직소 I 모형: 직소 I 모형은 그림 맞추기 퍼즐(Jigsaw puzzle)과 같이 팀별로 학습한 내용의 전개가 모두 끝나야 학습이 완성되는 방식으로 진행된다. 학습자들은 단원학습이 끝난 후, 시험을 보고 개인의 성적을 받으며 점수는 개별로 집계되므로 집단 점수에는 기여하지 않는다. 즉, 학습자의 평가는 팀

별이 아닌 개별적으로만 이루어진다. 따라서 전체 과제를 잘 해결하기 위해서 팀별 발표에 치중하기 때문에 상호의존성이 높기는 하지만, 집단 보상이 제공되지 않기 때문에 보상 의존성이 낮으며 공동의 집단 목표가 없는 모형이다(Aronson et al., 1978).

② 직소 II모형: 애런슨 등(Aronson et al., 1978)이 개발한 직소 I모형을 수정하여 개발한 직소 II 모형은 학습자가 자신에게 할당된 과제를 수행한 후 전문가 집단에서 학습을 하고 다시 본래 집단으로 돌아와, 협동학습을 한 후 학생들의 학습 과제에 대해 개별 평가하는 방식이다. 직소 I모형과의 차이는 개인별 점수와 집단의 향상 점수가 산출되고 그 결과에 따라 개인과 집단이 보상을 받는다는 것이다. 또한 직소 I모형과 달리 인지적 · 정의적 학업성취의 영역에서 전통적 수업보다 효과적이며 개별 학습자나 팀은 자신이 좋아하거나 원하는 주제를 선택할 수 있다는 장점이 있다.

③ 직소 III모형: 직소 III모형은 직소 II모형과는 달리 모집단에서의 협동학습 후 평가를 대비하여 학습을 정리할 수 있는 시간을 제공한다. 즉, 평가유예기(interim period)를 제공함으로써 모집단에서 다시 협동학습을 한 후, 개인별 점수와 향상 점수를 기반으로 집단 점수를 산출하여 개인과 집단에게 보상한다.

(2) 자율적 협동학습 모형

케건(Kagan, 1992)이 고안한 자율적 협동학습 모형(Co-op Co-op)은 집단별로 흥미로운 학습 주제를 선정한 후, 집단 과제를 완성하여 그 결과를 학급전체가 공유함으로써 전체 학급의 학습 주제를 탐구하는 방식으로 진행하여 집단 간의 상호 협동을 통해 전체의 학습 목표를 달성하도록 구조화되어 있다. 자율적 협동학습 모형의 절차는 다음과 같다.

① 교사는 수업목표 및 수업내용을 소개한다. 학습자들은 전체의 수업주제를 선정하기 위해 토론을 진행한다.

② 학습자들은 선정된 소주제를 가지고 집단을 구성하여 협동학습 계획을 수

립하고, 각자 역할 분담하여 탐구활동을 한다.

③ 협동학습 활동 결과를 정리하여 학급전체에서 발표한다.

자율적 협동학습 모형은 교과내용뿐만 아니라 개념과 사고 기술의 발달, 의사 소통 형성 및 집단 공동체 의식의 형성을 위해서도 활용될 수 있다는 특징을 지닌 다. 또한 학습자의 문제 해결력 및 의사소통 능력의 향상에도 도움이 된다.

(3) STAD 모형(성취과제분담 모형)

슬래빈(1978)이 개발한 성취과제분담 모형(Student Teams Achievement Divisions: STAD)은 각 팀 내에 학습성취도가 높은 학습자와 중간 학습자 그리고 낮은 학습 자로 구성된 이질적인 집단을 형성하되 구성원에게 역할을 부여하지 않는 공동 학습 구조를 지닌다. 또한 개인의 성취에 대해 개별 보상을 제공하고, 개인의 성 취에 대해 팀점수를 부여하는 집단 보상을 취한다. 이 모형은 구성원 각자뿐만 아 니라 집단의 목표를 향해 함께 협동하도록 하며 개인뿐 아니라 집단의 책무성이 강조되는 구조를 가지고 있어서 집단 간의 경쟁을 유발하여 집단 구성원 간의 결 속을 강화하는 방식으로 학습자의 동기를 부여한다.

성취과제분담 모형의 수업 절차는 다음과 같다.

① 교사는 수업의 목표, 수업진행 절차, 전반적인 학습 내용을 설명한다.

② 학습자는 교사가 제공한 학습지를 가지고 집단 학습을 시행한다.

③ 학습자들은 집단 학습 후에 개별적으로 형성평가를 받는다.

④ 형성평가 결과에 따라 개인별 점수와 집단별 점수를 산출하고 결과에 따라 향상 점수를 반영하여 집단에 대한 보상을 한다. 협동학습 결과, 향상된 점 수를 산출하고, 각 개인의 향상 점수의 평균을 집단 점수에 가산함으로써 집단에 기여하게 되고 집단이 보상받게 되는 것이다.

(4) 집단조사 모형

집단조사 모형(Group Investigation)은 팀 경쟁요인이 없이 학습 과제의 선정에서부터 집단 보고에 이르기까지 전 과정에서 학생들이 주도적으로 진행하는 개방적인 협동학습 모형이다. 그러나 집단 목표의 달성을 요구하면서 협력적 보상은 제공되지 않기 때문에 학습자의 역할 배정에 있어 세심한 주의가 요구된다(이성은, 오은순, 성기옥, 2002).

집단조사 모형의 구체적인 절차는 다음과 같다.

① 주제 선정 및 소집단 구성: 학습해야 할 내용을 여러 개의 하위 주제로 나누고, 하위 주제를 또다시 세부 주제로 나누어 각각 개인에게 할당한다.
② 계획 수립 및 역할 분담: 학습자는 세부 주제에 대해 개별적으로 공부한 후 집단별로의 토론을 통해 탐구 범위와 내용, 방법 등을 결정한다.
③ 탐구활동: 집단별로 정보 분석과 통합 및 심도 있는 토론과 탐구활동을 수행한다. 이때 교사는 학습자에게 정보 제공과 격려의 역할을 한다.
④ 발표 준비: 학습자들은 탐구활동 과정에서 수집한 자료를 가지고 발표준비를 한다. 핵심적인 과제내용을 요약·정리하고 발표준비 과정에는 모든 구성원이 능동적으로 참여하도록 한다.
⑤ 발표: 발표 시 교사는 준비해 온 평가 양식을 사용하여 학습자들이 다른 집단의 발표내용을 평가하도록 한다.
⑥ 평가: 교사는 학습자들의 탐구내용에 대한 평가를 할 수 있으며 첨삭을 통해 일정 기간 동안 공개한 후에 평가를 시행할 수도 있다. 학습자의 수행력, 참여도, 협동심, 최종 학업성취에 대한 평가는 개별적인 평가나 집단 평가 모두 가능하다.

(5) TGT 모형(팀경쟁학습 모형)

TGT 모형(Team Games Tournament)은 게임 형태로 진행되는 협동학습이라는 점에서 다른 모형과 차이가 있다. TGT 모형으로 협동학습을 진행하기 위해서는 학업성취 수준이 비슷한 학습자들이 고르게 분포되도록 팀을 구성해야 한다. 팀별 경쟁을 해야 하기 때문에 각 팀의 학업성취 수준이 고르게 분포되어 있지 않으면 이 게임을 진행할 수 없다.

예를 들어, 30명의 학습자를 6개의 팀으로 구성하기 위해서는 다음과 같은 방식으로 팀을 구성할 수 있다. 다음의 숫자는 30명 학습자의 상대평가 학업성취 순위라고 가정한다. 학업성취 수준의 평균을 맞추기 위하여 'ㄹ'자 형태로 학습자들을 모둠에 배치하도록 한다.

〈학습자들의 학업성취 수준 배열: 1~30순위〉

1	2	3	4	5	6	7	8	9	10
11	12	13	14	15	16	17	18	19	20
21	22	23	24	25	26	27	28	29	30

〈6개 모둠에 배치된 학습자들〉

1모둠	2모둠	3모둠	4모둠	5모둠	6모둠
1, 12, 13, 24, 25	2, 11, 14, 23, 26	3, 10, 15, 22, 27	4, 9, 16, 21, 28	5, 8, 17, 20, 29	6, 7, 18, 19, 30

TGT 모형의 진행방식은 토너먼트 게임과 유사하다. 토너먼트 게임을 진행하기 위해 [그림 7-1]과 같이 책상 5개를 마련한다. 책상에는 각 모둠에서의 순위별로, 순서대로 나와 자리에 앉는다. 이후 6개 모둠에서 대표 선수들이 교수자가 준비한 문제를 풀도록 한다.

토너먼트 책상에 앉아 교수자가 준비한 문제를 푼 선수의 답에 대해서 교사는 1~6점의 점수를 부여한다(상대평가). 1~6점 사이의 점수를 부여받은 선수들의 점수는 모둠별로 누적된다. 누적된 점수는 게시판에 게시되고, 주 차별로 이 게임을 계속 진행할 수 있다. TGT 모형은 일정의 학습 내용을 학습한 이후, 중간평가로 활용할 수 있다.

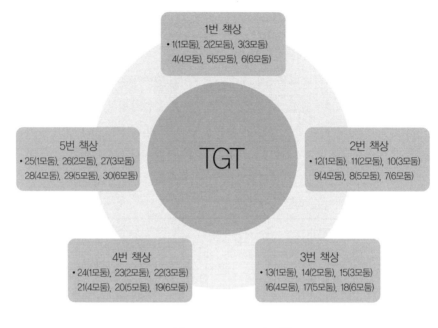

❖ 그림 7-1 ❖ TGT의 진행

3. 자원기반학습

1) 자원기반학습의 개념

자원기반학습(Resource-Based Learning)은 다양한 학습 자원과 상호작용 매체, 공학 기술을 통합하여 학습자 중심의 학습을 증진하기 위해 학습자 스스로 자원을 획득, 분석, 조직, 활용하여 주도적으로 학습에 참여할 수 있게 하기 위한 일련의 전략이다(강명희, 한연선, 2000; 김지일, 장상필, 2006; Rekes, 1996). 즉, 학습이 일어나기 위해 학습자, 교수자, 학습 자원 등의 요소를 활용하여 학습자 스스로가 목표를 설정하고, 이에 적합한 학습 방법과 이를 보조해 주는 학습 매체와 도구를 선택하여 학습하는 학습자 중심의 학습 방법이다(박성익, 임철일, 이재경, 최정임, 2011). 프레이저(Fraser, 1984)는 자원기반학습이란 학습자가 자신의 학습 속도에 맞추어 자신이 선택한 학습 활동을 하며, 필요한 자료를 학습자 자신의 관심과 능력에 따라 활용할 수 있는 권한이 주어지는 학습 유형이라고 정의하였다.

자원기반학습 상황에서 학습자는 능동적으로 자신에게 필요한 지식을 구성하는 사람으로서 자유롭게 학습 과제를 해결할 수 있으며, 교사는 다양한 형태의 학습 매체와 인적 자원을 포함한 광범위한 학습 자원을 통합하여 학습자가 필요로 하는 학습 자료를 제공하는 역할을 한다. 또한 교사는 학습자가 주도적으로 학습 문제를 해결하고 학습 과제를 수행할 수 있도록 학습조언자, 코치, 학습촉진자의 역할을 한다.

자원기반학습은 21세기 정보통신 기술의 발달과 함께 그 중요성이 더욱 강조되고 있다. 정보통신 기술의 발달은 모든 자료의 디지털화를 촉진하였고, 웹의 발달과 함께 교수자뿐만 아니라 학습자 스스로 정보를 검색, 편집, 활용하는 것이 가능한 환경을 가져왔다. 자원기반학습은 정보를 탐색, 조직, 개발, 공유하는 활동을 포함하기 때문에 정보화 사회에서 요구되는 정보 활용 능력을 신장하기 위한 방법으로 주목받고 있다. 이와 같은 다양한 정보 자원의 활용을 바탕으로 학습 과제에 대한 이해와 함께 문제 해결과 정보 활용 능력을 동시에 향상시키는 것을 목적으로 하는 교수학습 방법이 자원기반학습이다(손미, 1999; 한국교육공학회, 2005). 즉, 인쇄물, 비인쇄물, 인적 자원을 포함한 광범위한 자원을 효과적으로 사용할 수 있도록 학습자를 학습 활동에 적극적으로 참여시키기 위해 계획된 교육 프로그램이라고 할 수 있다. 따라서 자원기반학습은 단순히 하나의 특정한 학습 방법이라기보다는 교수학습 환경을 설계하는 방법이라고 할 수 있다. 교수자의 목적에 따라 특정한 주제와 교과목에서도 다양한 방식으로 수업이 설계될 수 있는 것이다(박성익 외, 2011).

2) 자원기반학습의 특징

정보를 탐색, 조직, 개발, 공유하는 활동을 포함하는 자원기반학습(Hill &

Hannafin, 2001)은 학습자의 다양한 정보 자원을 활용함으로써 문제 해결력, 비판
적 사고력, 정보 활용 능력을 향상시키는 것을 목적으로 한다(한국교육공학회,
2005). 다양한 학습 자원을 활용하여 학습자의 자발적이고 자기주도적인 학습으로
의 참여를 유도하는 자원기반학습의 핵심요소와 특징은 다음과 같다(손미, 1999).

① 교사와 학습자가 학습 자원 활용의 가치를 인식하고 다양한 학습 양식에 대
처할 수 있는 융통성과 학습자의 능동성을 촉진한다. 즉, 학습 양식에 따라
다양한 자원을 선정할 수 있는 기회를 제공하므로 학습자가 자신이 선호하
는 학습 환경을 선택할 수 있다.
② 학습자가 필요한 자원을 적절히 활용할 수 있도록 자원을 관리하고 제공한
다. 따라서 인적 · 물적 자원을 활용하기 위해 학교의 자원 제공을 위한 공
간이 필요하며 이를 활용할 수 있도록 매체 소양교육을 제공한다. 자원기반
학습은 교실수업뿐만 아니라 인터넷 웹 등을 활용한 원격 자료 활용, 전문
가와의 협의, 실제현장 학습, 기업훈련 현장 등 생생한 자원들을 활용할 수
있다.
③ 학습자에게 학습하는 방법을 가르치고 필요한 기술을 개발할 수 있도록 적
절한 기회를 제공한다. 자원기반학습은 다양한 자원과의 상호작용 과정에
서 정보 수집과 성찰 활동이 수반되며, 이를 통해 학습의 심화와 탐구 능력
을 신장시킬 수 있다.

이처럼 자원기반학습은 모든 학습자가 평생학습자가 되기 위해 필요한 기본적
인 지식 획득 능력과 자기주도적으로 학습할 수 있는 능력을 기를 수 있는 기회를
제공한다(백영균 외, 2010).

3) 자원기반학습 모형

자원기반학습 모형은 여러 가지 형태가 있지만 일반적으로 '정보 확인, 정보

탐색, 정보 사용 및 조직, 결과 발표, 평가'의 과정을 포함한다(한국교육공학회, 2005). 아이젠버그와 버코위츠(Eisenberg & Berkowitz, 1990)는 문제해결과정에서 요구되는 정보 활용 기술을 인간의 인지 단계에 따라 여섯 단계로 제시하고 이를 'Big 6 모형'이라 하였다. Big 6 모형은 학습자들이 필요한 자원을 파악하고 이를 활용하는 능력을 개발하기 위한 교육과정 및 평가의 준거가 되고 있다.

자원기반학습은 학습자가 상호작용을 통해 적극적으로 참여해야 성공적인 학습이 된다. 교사의 역할은 정보제공자이기보다는 학습의 조언자, 촉진자로서 전문가와 공동으로 학습 자원을 준비하기 위해 교육과정을 설계하고 학습 자료를 제작하는 일을 한다.

자원기반학습은 전자우편과 컴퓨터 콘퍼런싱, 게시판 등 컴퓨터를 통한 의사소통과 온라인을 통한 코스 전달, CD-ROM 자료, 그 밖의 멀티미디어 자료를 포함한다. 이러한 물리적·인적 자원을 활용하기 위해 학교 자체의 자원을 제공하기 위한 공간이 있어야 하며, 학습자들이 활용하기 위한 매체 소양교육이 필요하다(백영균 외, 2010).

❖ 표 7-4 ❖ Big 6 모형

인지	단계	능력
인식	1. 과제 정의	1.1 해결할 과제의 요점 파악 1.2 과제해결에 필요한 정보의 유형 파악
이해	2. 정보탐색 전략	2.1 사용 가능한 정보원 파악 2.2 최적의 정보원 선택
적용	3. 소재파악과 접근	3.1 정보원의 소재 파악 3.2 정보원에서 정보 찾기
분석	4. 정보 활용	4.1 찾아낸 정보를 읽고, 보고, 듣기 4.2 적합한 정보 가려내기
통합	5. 통합 정리	5.1 가려낸 정보들의 체계적 정리 5.2 최종 결과물 만들기
평가	6. 평가	6.1 결과의 유효성 평가 6.2 과정의 효율성 평가

자원기반학습은 하나의 독립된 학습 모형이라기보다는 정보사회에서 학습자의 평생학습의 필요성에 기반에 두고 정보 능력의 함양을 위해 제안되는 새로운 패러다임이라고 할 수 있다. 전통적 학습 모델과 자원기반학습 모델을 비교해 보면 다음과 같다(Rekes, 1996).

❖ 표 7-5 ❖ 전통적 학습 모델과 자원기반학습 모델 비교

구분	전통적 학습 모델	자원기반학습 모델
교사의 역할	내용전문가	과정촉진자 및 안내자
주요 학습 자원	교과서	다양한 자원(매체)
주안점	사실적 내용	현장성 있는 문제상황
정보의 형태	포장된 정보	탐구(발견)대상으로서 정보
학습의 초점	결과	과정
평가	양적 평가	질적 · 양적 평가

4. 문제기반학습

1) 문제기반학습의 개념

문제기반학습(Problem Based Learning: PBL)은 문제를 활용하여 학습자 중심의 학습을 진행하는 교육방법이다. 즉, 문제 해결이나 추론 기술의 적용을 필요로 하는 문제 상황이 제시된 후, 소그룹으로 구성된 학습자들이 스스로 문제의 이해와 해결을 위해 필요한 학습 목표를 정하고 각자의 역할을 분담하여 학습 과제를 부여한 후 필요한 정보나 지식을 검색, 공유, 토론하는 협력적 과정을 거쳐 문제를 해결하게 되는 것이다(Barrows & Tamblyn, 1980). 여러 학자가 제시한 문제기반학습의 정의는 〈표 7-6〉과 같다.

❖ 표 7-6 ❖ 문제기반학습의 정의

학자	정의
Schmidt(1993)	학습자들이 교수자(tutor)의 관리하에 소집단으로 문제를 다루는 교수학습 접근
Finkle & Torp (1995)	학습자를 문제 해결 전략, 학문의 지적 기반과 실세계의 문제를 반영한 비구조화된 문제에 직면하는 능동적인 문제해결자로서 끌어들이는 기술을 개발하려는 교육과정이며 교육체제
Forgarty(1997)	비구조화되고 뒤가 트이거나 모호한 실생활 문제로 설계된 교육과정 모델
Evensen & Hmelo (2000)	문제중심 환경에서 인지적·사회적 상호작용의 산물이라는 가정에 기반을 둔 구성주의 교수설계의 한 가지 방법
장경원(2005)	학습자들에게 실제적인 문제(authentic problem)를 제시하여 학습자들이 문제를 해결하기 위해 공동으로 문제해결 방안을 논의한 후, 개별학습과 협동학습을 통해 공통의 해결안을 준비하는 과정에서 학습이 이루어지는 학습 방법 및 학습 환경
조연순(2006)	실세계의 비구조화된 문제로 시작하여 그것을 해결하는 과정을 통해 필요한 지식을 학습자 스스로 배울 수 있도록 이끌어 가는 교육적 접근

2) 문제기반학습의 특징

배로우즈(Barrows, 1996) 등이 제시한 문제기반학습(PBL)의 특징은 다음과 같다(조연순, 2006; Arts et al., 1993).

① 학습자 중심의 자기주도학습이 이루어진다. 학습자는 문제 해결책을 찾기 위해 필요한 많은 정보와 지식들을 다루면서 의미와 이해를 추구하고 학습에 대한 책임을 갖는다.
② 팀에서의 협력적 학습을 강조한다.
③ 교수자는 지식의 전달자가 아닌 촉진자 또는 안내자의 역할을 한다. 교수자는 교육과정 설계자로서 문제를 설계하고, 학습 계획을 세우며, 학습자 집단을 조직하고 평가를 준비한다.

④ 학습자 중심의 다양한 평가방식이 이루어진다.

⑤ 비구조화된 실제적인 문제를 해결하기 위해 고차적인 문제해결 기술과 가설, 연역적 추론, 가설 검토, 자료 수집, 분석 등의 능력이 요구된다.

⑥ 문제에서 학습이 시작되고 그것을 해결하는 과정을 통해 학습 목표를 성취한다.

⑦ 문제는 너무 쉽게 해결되거나 일정한 틀에 매여 하나의 정확한 답을 구할 수 있는 상황이 아닌 비구조화되고 복잡한 것이어야 한다. 따라서 학습자의 수준과 노력에 따라 도출되는 결론이나 해결안의 수준과 질 등이 다양할 수 있다. 또한 실제적이고 맥락적이며 학습자의 흥미와 교육과정을 고려한 문제이어야 한다.

이상에서 언급한 것 외에도 강인애, 정준환, 정득년(2007)은 문제중심학습의 특징을 문제해결 능력, 관련 분야의 지식과 기술의 습득, 자신의 견해를 분명히 제시 및 설명하고 옹호 및 반박할 수 있는 능력, 그리고 협동학습 능력 등으로 보았다. 특히 조연순(2006)은 문제기반학습에서의 교수자의 역할을 파악하는 것이 무엇보다 중요하다고 강조하면서 교수자의 역할을 교육과정 개발자, 학습의 안내자 및 촉진자 그리고 평가자로 제시하였다.

3) 문제기반학습의 절차

조연순(2006)은 문제기반학습의 교수학습 과정 및 절차를 다음과 같이 제시하고 있다.

① 문제 직면하기: 문제를 인식하고 발견한 후, 문제를 재진술하는 과정을 통해 다양한 관점에서 문제를 파악하는 단계이다.

② 문제해결 계획 세우기: 알고 있는 것, 알아야 할 것, 알아야 하는 것으로 세분화하여 체계적인 문제해결 계획을 세우는 단계이다.

③ 탐색 및 재탐색하기: 문제 해결을 위한 탐색과정을 통해 지식과 정보를 배울 뿐 아니라 실생활과의 맥락을 찾게 되는 단계이다.

④ 해결책 고안하기: 직접적인 해결책을 고안하는 과정으로 동료 학습자 간의 원활한 의사소통과 협동을 통하여 다양한 해결책을 도출하는 단계이다.

⑤ 발표 및 평가하기: 다양한 해결책을 공유하고 평가함으로써 실제적이면서 가장 바람직한 해결 방안을 찾고 이를 통해 비판적 사고력을 기르는 단계 이다.

5. 프로젝트중심학습

1) 프로젝트중심학습의 개념

프로젝트중심학습(Project-Based Learning)은 1920년대 초반에 킬패트릭 (Kilpatrick) 교수-학습 방법의 하나로, 프로젝트 방법이 소개되면서 미국, 캐나다 등 북미에 널리 보급되었다. 프로젝트중심학습에 대한 학자들의 정의는 〈표 7-7〉 과 같다.

❖ 표 7-7 ❖ 프로젝트중심학습의 정의

학자	정의
Adderley 외 (1975)	프로그램이나 모델 설계, 페이퍼, 보고서 등과 같은 최종 산출물의 생 산을 목적으로 하는 학습
Blumenfeld 외 (1991)	학습자 스스로 질문을 생성하고 그러한 질문을 중심으로 학습 활동이 구성되며 학습 활동의 결과로 최종 산출물이 생산되는 학습
Thomas(2000)	학습자들의 적극적인 학습 참여를 유도하는 도전적인 질문이나 문제 를 중심으로 구성되는 학습
장선영, 이명규 (2012)	학습자의 탐구과정과 성찰, 문제해결, 자발성과 능동성을 강조하는 교 수-학습 모형으로 마음속에서 생각하고 있는 것을 구체화하고 실현시 키기 위해 학습자 스스로 계획하여 수행하는 활동

한편, 래피 등(Laffey, Tupper, Musser, & Wedman, 1998)은 프로젝트중심학습을 효과적으로 진행하기 위해서는 비계화(scaffolding), 코칭(coaching), 계획적이고 풍부한 자원(planning & resourcefulness), 지식 표현(knowledge representation), 커뮤니케이션과 협력(communication & collaboration), 성찰(reflection)이 필요하다고 보았다.

2) 프로젝트중심학습의 특징

프로젝트중심학습의 특징은 다음과 같다(Helle, Tynjala, & Olkinuora, 2006).

첫째, 프로젝트중심학습은 최종 결과물을 중심으로 교수학습 활동이 이루어지며 교수자와 학습자, 학습자와 학습자 간의 상호작용 또한 최종 결과물을 기반으로 이루어진다.

둘째, 학생들의 기존 지식 및 경험이 프로젝트의 과제를 해결하기 위해 필요하며 학습자가 학습 내용, 진도 등을 스스로 계획하고 조절할 수 있다.

셋째, 프로젝트중심학습은 다양한 정보와 지식, 이론과 실습이 통합되며 학습자는 과제를 수행하면서 관련 내용을 인지하게 된다.

넷째, 학습자는 자신이 관심 있고 흥미 있는 주제를 선정함으로써 적극적으로 프로젝트에 참여하며 스스로 학습의 주체로서의 인식과 역할을 한다.

3) 프로젝트중심학습의 절차

프로젝트중심학습을 기반으로 한 학습 모델은 1단계 일반적 탐색활동, 2단계 전략적 심화활동, 3단계 생성적 심화활동, 4단계 자기성찰 및 평가로 구분된다(강인애, 정준환, 서봉현, 정득년, 2011).

(1) 1단계: 일반적 탐색활동
1단계는 학습자가 다양한 주제에 대한 자료를 접하고 폭넓은 정보와 지식을

접하여 자신의 관심 분야를 찾는 단계이다. 이 단계에서 교사는 학습자가 알고
있는 기존 지식, 향후 알아야 할 내용 등을 구분하여 적절하게 지도할 필요가 있
다. 학습자는 자신이 더 알아보고자 하는 내용을 조사하고 폭넓은 사고를 해야
한다.

(2) 2단계: 전략적 심화활동

2단계는 학습의 주도권이 학습자에게 옮겨지는 단계로, 학습자가 자기주도적
으로 프로젝트를 진행하게 된다. 교수자는 학생들의 관심 분야를 체크하고 연구
방법을 결정하며 문제를 제시하게 된다.

(3) 3단계: 생성적 심화활동

3단계는 문제를 해결하고 새로운 지식을 창출하는 단계로, 왕성한 학습 활동
이 일어난다. 학습자는 자료를 수집하고 다른 학습자, 소그룹, 교수자, 전문가 등
의 상호작용과 적절한 피드백을 통해 결과물을 생성해 나간다. 조사활동, 현장견
학, 실험관찰, 토론, 가설 검증 등의 활동이 일어나며 산출물은 자기성찰을 통해
수정 및 보완이 이루어진다.

(4) 4단계: 자기성찰 및 평가

4단계는 수시로 자기성찰 일지를 작성하며 문제해결과정에서 자신이 무엇을
배웠는지를 인식하게 된다. 학습 초기의 문제탐색 단계에서 교수자는 평가 기준
을 제시해야 하며, 학습 중반부에서는 학습자가 자기평가, 팀평가, 자기성찰 일
지 등을 기록하여 종합적으로 평가할 수 있어야 한다. 그리고 최종 산출물을 전시
하고 발표하는 과정을 통해 학습의 전반적인 평가를 받게 된다.

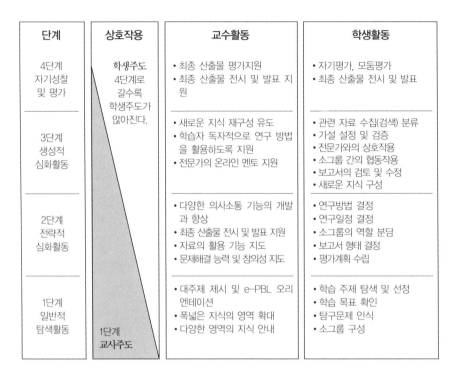

단계	상호작용	교수활동	학생활동
4단계 자기성찰 및 평가	학생주도 4단계로 갈수록 학생주도가 많아진다.	• 최종 산출물 평가지원 • 최종 산출물 전시 및 발표 지원	• 자기평가, 모둠평가 • 최종 산출물 전시 및 발표
3단계 생성적 심화활동		• 새로운 지식 재구성 유도 • 학습자 독자적으로 연구 방법을 활용하도록 지원 • 전문가의 온라인 멘토 지원	• 관련 자료 수집(검색) 분류 • 가설 설정 및 검증 • 전문가와의 상호작용 • 소그룹 간의 협동작용 • 보고서의 검토 및 수정 • 새로운 지식 구성
2단계 전략적 심화활동		• 다양한 의사소통 기능의 개발과 향상 • 최종 산출물 전시 및 발표 지원 • 자료의 활용 기능 지도 • 문제해결 능력 및 창의성 지도	• 연구방법 결정 • 연구일정 결정 • 소그룹의 역할 분담 • 보고서 형태 결정 • 평가계획 수립
1단계 일반적 탐색활동	1단계 교사주도	• 대주제 제시 및 e-PBL 오리엔테이션 • 폭넓은 지식의 영역 확대 • 다양한 영역의 지식 안내	• 학습 주제 탐색 및 선정 • 학습 목표 확인 • 탐구문제 인식 • 소그룹 구성

❖ 그림 7-2 ❖ 프로젝트중심학습을 기반으로 한 학습모델

출처: 강인애 외(2011).

6. 액션러닝

1) 액션러닝의 개념

액션러닝은 미국의 레그 리반스(Reg Revans)에 의해 시작되었으며, 이는 타이타닉호의 침몰 원인을 파악하기 위해 팀 중심으로 서로의 의견을 교환하며 문제해결방법을 개발한 것에서 비롯되었다. 액션러닝은 기업에서 시작하여 지자체, 학교, 교육단체 등에서 실제적인 문제를 해결하는 방법으로 활용되고 있다. 액션러닝의 정의에 대한 학자들의 의견은 〈표 7-8〉과 같다.

❖ 표 7-8 ❖ 액션러닝의 정의

학자	정의
McGill & Beaty (1995)	목표의식을 가지고 동료구성원의 지원을 토대로 이루어지는 학습과 성찰의 지속적인 과정
Marquardt(1999)	소규모로 구성된 한 집단이 기업이 직면하고 있는 실질적인 문제를 해결하는 과정에서 학습이 이루어지며, 그 학습을 통해 각 그룹 구성원은 물론 조직 전체에 혜택이 돌아가도록 하는 일련의 과정이자 효과적인 프로그램
김미정(2001)	조직이 당면하고 있는 문제 혹은 기회에 대한 쟁점을 해결하고, 동시에 이러한 해결 노력 속에서 구성원들의 역량이 함께 개발될 수 있는 접근
박수홍, 안영식, 정주영(2005)	교육 참가자가 소집단을 구성하여 각자 또는 전체가 팀워크를 바탕으로 실패의 위험을 갖는 실제문제를 정해진 시점까지 해결하는 동시에 문제해결과정에 대한 성찰을 통해 학습하도록 지원하는 역량개발의 교육방식이며, 학습 조직 구축의 초석이 되고 교육훈련과 조직개발이 혼합된 교육기법

2) 액션러닝의 특징

박수홍, 안영식과 정주영(2010)은 액션러닝의 특징을 다음과 같이 정리하고 있다.

① 액션러닝에서 해결하는 문제는 학습 팀이 실제로 겪고 있는 어려움이나 주변의 문제들이기 때문에 학습 경험이 실시간이고 현재진행형이다.
② 액션러닝 학습자 개인의 학습 역량뿐만 아니라 학습 팀과 소속된 집단 전체의 역량을 향상시킨다.
③ 액션러닝은 교수자가 학습자를 의도적으로 조직하여 권위적으로 운영하는 것이 아니라 학습자의 자발적이고 민주적인 참여로 진행된다.
④ 서로 다른 경험과 학습을 수행하는 동료 팀으로부터 다양한 관점을 공유함으로써 최적의 해결 방안을 도출할 수 있다.

3) 액션러닝의 절차

박수홍 등(2010)은 액션러닝의 절차를 7단계로 구분하였다. 각 단계별로 소개하면 [그림 7-3]과 같다.

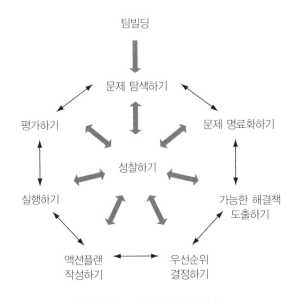

❖ **그림 7-3** ❖ **액션러닝의 절차**

출처: 박수홍 외(2010).

(1) 문제 탐색하기

학습 팀은 상황에 맞는 실제적이고 맥락적인 문제를 복사물, 동영상, 컴퓨터 애니메이션 등 다양한 방법을 통해 접하게 된다. 교수자는 학습 팀에게 실제적인 문제와 그에 따른 상황을 설명한다. 그에 따라 학습자들은 문제의 내용을 파악한다.

(2) 문제 명료화하기

문제 제시 후에 학습 팀은 문제를 인식하고 명료화한다. 라운드로빈 기법, 원인확인분류표, 어골도, 아이디어 그룹핑, 브레인스토밍, 여섯색깔 사고모자 기법 등을 통해 문제의 근본 원인 및 구조를 이해하고 문제를 규정한다. 교수자는 실제적 문제 상황의 근본 원인에 대한 질문을 통해 학습자의 사고를 촉진시킨다. 학습자는 다양한 자료를 기반으로 정보를 획득하고 문제 해결의 실마리를 찾는다.

(3) 가능한 해결책 도출하기

제시된 문제의 다양한 원인이 도출되었다면 그에 따른 원인별 해결책을 도출하게 된다. 교수자는 문제해결방법이 무엇인지를 묻고 정리하도록 도우며 학습자는 다양한 해결방법을 도출하고 정리한다. 실현 가능한 해결책을 마련하기 위해 다양한 아이디어 도출 기법을 활용하고 토론을 통해 나온 아이디어를 재점검한다.

(4) 우선순위 결정하기

학습 팀은 도출된 해결책에 대한 우선순위를 결정해야 한다. 이를 위해 몇 가지 기준을 정해야 하는데 일반적인 기준은 시급성, 중요성, 파급성, 실현 가능성, 경제성 및 자원 등이다. 교수자는 우선순위 결정 시트를 나누어 주어 우선순위를 결정할 수 있도록 돕는다. 학습자는 우선순위의 몇 번째 순위까지 현장에 적용해 볼 것인지를 결정한다.

(5) 액션플랜 작성하기

해결책에 대해 우선순위를 결정한 후 액션플랜을 작성하게 된다. 액션플랜은 문제의 해결책을 현장에 적용해 보기 위한 실천계획서이다. 액션플랜은 언제, 어디서, 누가, 무엇을, 어떻게, 왜 하는지 등을 포함한다. 이때 교수자는 액션플랜 작성법을 설명하여 학습자가 어려움 없이 액션플랜을 작성하도록 돕는다.

(6) 실행하기

실행하기는 액션플랜을 기반으로 문제 현장에서 실제 문제를 해결하기 위한 활동을 수행하는 것이다. 교수자는 학습자가 실행할 수 있는 정보와 자원을 제공하여 학습 활동을 촉진하고 학습자는 문제 현장에서 해결활동을 하며 상황에 따라 전문가에게 도움을 받는다.

(7) 평가하기

마지막은 평가 단계로 이 단계에서는 액션러닝의 과정을 성찰하고 수정 및 보완할 점을 파악한다. 교수자는 성찰 일지 등을 통해 학습자가 스스로 평가할 수 있는 기회를 제공하며 학습자는 잘한 점, 부족한 점, 개선해야 할 점 등을 살펴보고 액션러닝의 목적을 다시 한 번 점검한다.

제8장 ICT 활용교육과 원격교육

1. ICT 활용교육

ICT(Information & Communication Technology)란 정보 기기의 하드웨어와 소프트웨어, 그리고 이러한 기술을 이용하여 정보를 수집, 생성, 가공, 저장, 전달 및 재활용하는 모든 방법을 의미한다. ICT는 정보를 취급하는 하드웨어, 소프트웨어, 통신 도구와 같은 구체적인 사물 및 이들 도구를 활용하여 자료를 수집, 가공, 재생성하는 기술까지도 포함하는 개념이다(박성익, 임철일, 이재경, 최정임, 2011). ICT 교육은 이러한 ICT에 대한 기초적인 기술과 지식에 대하여 교육하는 것을 의미한다.

1) ICT 소양교육

ICT 소양교육은 정보통신 기술에 대한 기초적인 기술과 지식을 교육하는 것을 의미한다. 정보통신 기술 자체에 관한 교육, 즉 정보의 생성, 처리, 분석, 검색 등과 같은 기본적인 정보 활용 능력을 기르는 교육을 말한다. 중학교에서 선택교과로 운영하고 있는 '컴퓨터', 고등학교의 '정보 사회와 컴퓨터' '관련 정보기기' '멀티미디어' 및 각종 프로그램의 운영 능력 등이 대표적인 ICT 소양교육이다.

2) ICT 활용교육

ICT 활용교육은 정보통신 기술을 도구나 매체로 활용하여 각 교과의 목표를 효과적으로 달성하는 것을 목적으로 한다. 즉, 정보통신 기술을 활용하여 학생들의 학습 동기 및 자기주도적인 학습 능력을 신장시키기 위한 것이다. 수업에서의 교육용 콘텐츠, 각종 응용 소프트웨어의 활용, 인터넷을 매개하는 웹 자료의 활용 등이 여기에 해당된다. 교수학습 과정에서 ICT 활용의 목적은 학생들의 창의적 사고를 키우고 다양한 학습 활동을 통해 학습 목표를 효과적으로 달성하기 위한 것이다. 또한 ICT를 활용하여 교수학습 방법을 개선함으로써 교육적 효과를 높일 수 있다(박성익 외, 2011).

ICT와 교과교육을 통합하여 교과의 목표를 효과적으로 달성하기 위한 ICT 교과활용 교육의 기본 방향은 다음과 같다(백영균 외, 2010).

(1) 효과적 교수학습 목표 달성을 위한 정보통신 기술의 활용

정보통신 기술은 교수학습 활동의 목표 달성을 위해 사용할 수 있는 도구이며, 이를 통해 보다 효과적인 교수학습 목표의 달성을 목적으로 한다. 이를 위하여 수업 계획, 전개 및 평가 등과 같은 각 학습의 단계에서 정보통신 기술의 특성을 적극적으로 활용하여 학습 목표가 효과적으로 달성될 수 있도록 한다.

(2) 학습자의 자기주도적 학습 능력 신장

지식기반사회에서 요구되는 능력인 정보의 선택과 활용, 공유, 창출 등을 갖춘 창조적 인재를 육성하기 위해서는 학습자 스스로 문제 상황을 인식하고 분석한 후, 필요한 정보를 찾고 활용하여 해결안을 제시할 수 있는 교수학습 활동이 수행되어야 한다. 따라서 학습자 스스로가 학습하고 문제를 해결하도록 하기 위해 학습 내용의 단순한 전달 또는 설명, 예시를 위해 정보통신 기술을 활용하는 것을 넘어서 정보를 탐색, 수집, 분류, 분석, 정리, 결과 보고 및 토론하는 활동을 촉진하는 데 정보통신 기술을 활용해야 한다.

(3) 교과의 특성 및 학습자의 정보통신 기술 수준과의 적합성 고려

정보통신 기술이 해당 수업의 목표를 달성하는 데 적합한지를 신중히 고려하여 교과의 목표를 최대한 효과적으로 달성할 수 있는 방향으로 활용하여야 한다. 또한 학습자가 학습 활동에 필요한 정보통신 기술 활용 능력을 지니고 있어야 효과가 높으므로, 학습자의 정보통신 기술 활용 능력의 적합성을 고려해야 한다.

(4) 정보통신 윤리의 자연스러운 습득 유도

정보통신 윤리는 지식정보화 사회에서 기초적으로 갖추어져 있어야 하기 때문에 이를 위해 모든 학교 내외의 활동을 통해 건전한 정보의 활용과 네티켓, 저작권 등 정보윤리와 관련된 기본적인 개념을 교육해야 한다.

3) ICT 활용교육의 유형과 특징

김진숙(2000)은 ICT 활용수업의 방식을 여덟 가지로 구분하여 제시하면서 한 가지 이상의 유형과의 혼합 혹은 순차적인 적용방식이 보다 높은 교육적 효용성을 가져올 수 있다고 보았다.

(1) 정보 탐색하기

정보 탐색은 인터넷 검색 엔진을 활용하여 관련 웹 정보를 검색하거나 정보를 가지고 있는 사람과 전자우편이나 채팅 등을 이용하여 정보 교류 및 공유하는 등의 활동을 하는 수업 유형이다. 기초적인 정보 검색과 정리뿐 아니라 문제해결 능력을 배양하기 위한 목적으로 활용되기도 한다.

(2) 정보 분석하기

정보 분석은 웹 검색 등으로 확보한 자료를 워드프로세서, 데이터베이스, 스프레드시트 등을 이용하여 비교, 분류, 조합 및 분석하는 활동을 통해 결론을 예측하고 해석할 수 있는 능력을 배양하는 수업방식이다. 수집한 자료의 분석과정을 통해 결론을 도출하고, 추론하는 탐구 능력을 증진시키기 위해 활용된다.

(3) 정보 안내하기

정보 안내는 전적으로 교사가 주도하는 수업에서 교사의 필요에 따라 특정 단계에서 멀티미디어 교수학습 프로그램이나 프레젠테이션 자료 또는 웹 문서를 학습자들에게 제공하기 위해 ICT를 활용하는 유형이다.

(4) 웹 토론하기

웹 토론은 채팅이나 인터넷 전자게시판, 전자우편 등을 활용하여 어떤 특정한 주제에 대하여 참여자들이 자신의 의견을 실시간 혹은 비실시간으로 게시할 수 있는 것이다. 채팅을 통해 멀리 떨어진 참여자들이 실시간으로 대화를 할 수 있으며, 게시판이나 전자우편을 통해 비실시간으로 토론 주제에 대한 의견을 게시할 수 있다.

(5) 협력 연구하기

협력 연구는 먼거리에 위치한 지역이나 사람들과 함께 공동의 관심사항에 대해 자료를 검색·활용·공유하는 유형이다. 학습자들에게 서로 다른 환경과 문화에 대해 통찰할 수 있는 기회를 제공하며, 교육과정을 통합하여 운영할 수 있는 기회를 제공하고, 협동학습과 문화적 체험학습의 경험을 제공할 수 있다.

(6) 전문가와 교류하기

전문가와의 교류는 특정 분야의 전문가들과 소통하면서 관련 분야의 전문 지식을 활용하기 때문에 학습자의 탐구 및 학습 활동을 지원하기에 매우 유용한 유형이다. 전자우편을 통한 비실시간 질문응답으로 전문가와 교류하거나, 채팅, 화상회의 시스템으로 실시간 교류할 수도 있다.

(7) 웹 펜팔하기

웹 펜팔은 인터넷의 전자우편 기능을 이용하여 세계 전역에 흩어져 있는 사람들과 개인적인 교류를 통해 학습할 수 있는 유형이다. 세계 여러 나라와 지역, 국가의 언어, 문화, 역사, 지리 등을 이해하기 위한 목적으로 활용하기에 유용한 수업 유형이다.

(8) 정보 만들기

정보 만들기는 문제해결과정에서 산출된 각종 결과물을 전자출판, 프레젠테이션 자료, 웹 자료 등으로 만드는 유형이다. 인터넷 신문 만들기, 포스터 만들기, 그림엽서 만들기 등과 같은 창의적인 표현 능력 증진을 목표로 하는 경우에 유용하게 활용된다. 정보는 저작도구나 그래픽 제작 프로그램, 웹 에디터 등 각종 도구를 활용하여 만들어지고, 웹을 통해 다른 사람들에게 공개된다. 이 유형은 웹의 문서 작성 및 파일 관리에 대한 기술, 작문, 편집, 수정 등의 일반 교양 기술 및 창의적인 표현 능력 증진 등을 위해 활용된다.

2. 원격교육

1) 원격교육의 개념

원격교육(distance education)은 교사와 학생이 물리적으로 떨어진 상태에서 여러 가지 매체를 활용하여 교수학습이 이루어지는 것을 말한다. 교수자와 다른 시공간에 있는 학습자에게 교육을 제공하고자 하는 경우, 지속적으로 교육받기를 원하는 성인에게는 '비접촉성 의사소통(non-contigous communication)' (Holmberg, 1977), 즉 물리적 분리와 대화의 초점을 맞추는 방식을 통해서 학습자와 교수자 간에 의사소통을 발생시킬 수 있다. 원격교육은 교수자와 학습자가 같은 공간과 시간에서 즉각적인 지도와 가르침을 주고받지 않아도 교수기관의 계획과 시스템의 지원을 통해 지리적으로 떨어져 있는 학습자에게 다양한 형태의 수업을 제공한다(Holmberg, 1977). 무어(Moore)는 원격교육을 "교수자와 학습자가 서로 다른 시공간에 존재하면서 인쇄 혹은 전자 형태의 의사소통 매체를 통해 교수를 제공하는 모든 형태"로 정의하였다(Moore, 1990; Moore & Kearsley, 1996a).

이처럼 원격교육에 대해 학자마다 다양한 정의를 내리고 있으며, 키건(Keegan, 1996)은 이전의 원격교육에 대한 다양한 개념을 종합하여 원격교육의 속성을 다음과 같이 제시하였다.

① 원격교육은 교수자와 학습자의 지리적인 분리를 전제로 한다.
② 학습 자료를 기획 및 준비하고 학습 지원 서비스를 제공하는 교육기관이 존재한다.
③ 교수자와 학습자를 매개하고 학습 내용을 전달하는 테크놀로지(인쇄, 오디오, 비디오, 컴퓨터 등)를 사용한다.
④ 의사소통을 위한 양방향 커뮤니케이션을 제공한다.
⑤ 집단보다는 개인으로 교수활동이 이루어지므로 반영구적인 집단학습의 부

재를 전제로 한다.

원격교육의 개념을 구성하는 핵심요소는 다음과 같다(김영환, 이상수, 정희태, 박수홍, 2003).

① 교수학습 활동과정에서 교수자와 학습자가 공간적 · 시간적으로 격리되어 있다.
② 학습자가 인지구조 내에 학습 과제를 수용 가능하도록 하기 위해 선행 조직자를 제공해 주어야 한다.
③ 교수자와 학습자의 교수학습 활동에 필요한 상호작용을 위해 교수학습 매체를 활용한다.
④ 원격교육의 질은 교수자와 학습자 간의 상호작용을 지원하는 지원체제의 질에 의해 좌우된다.
⑤ 원격교육은 전통적인 일반교육보다 훨씬 더 학습자 중심의 교육이다.
⑥ 원격교육은 면대면 교수학습 활동과는 다른 형태의 교수설계, 개발, 실행, 평가의 전략을 필요로 한다.

교육에서의 물리적인 분리는 학습에서의 소외감을 가져왔고, 교수자와 학습자, 더 나아가 학습자와 학습자 간 상호작용의 부재로 인하여 의사소통의 문제가 발생하게 되었다. 이러한 문제를 해결하기 위한 방안으로 온라인교육, 가상교육, 사이버교육, ICT 활용교육, 웹기반교육 등과 같은 의사소통을 활성화할 수 있는 교육이 시도되면서 원격교육의 발전과 형태의 변화를 가져왔다.

2) 원격교육의 역사

원격교육은 19세기부터 시작되었으며, 지금까지 발전해 온 과정은 크게 4개의 세대로 구분할 수 있다.

(1) 1세대 원격교육

1세대 원격교육은 우편통신을 기반으로 인쇄 자료를 매체로 활용하는 통신교육이다. 학습자는 교수자로부터 과제물을 우편으로 받고 보내는 형태로 학습을 수행한다. 학습자가 시공간적으로 자율성을 가지고 학습할 수 있는 통신교육은 비용과 시간 대비 매우 효과적인 방식이다. 통신교육을 통해 학습자는 학습에 쉽게 참여할 수 있으며, 다양한 교육장면에서 광범위하게 활용할 수 있다. 그러나 교수자와 학습자 간의 상호작용이 매우 제한적이고, 이로 인해 학습자의 학습 동기가 저하될 수 있다. 또한 학습의 시공간에 대한 통제는 가능하지만 학습 과정 자체에 대해서는 통제할 수 없어서 진정한 개별화 학습이라고 보기에 어려운 문제점이 있다(Garrison, 1989). 또한 1세대 원격교육은 성인 중심의 보완교육 형태로 시작되었다가 공교육 기관을 통해 정상적인 교육의 기회를 가질 수 없는 도시, 산간벽지의 학습자를 대상으로 하는 학교교육의 대안으로 인식되면서 발전하였다(변영계, 김영환, 손미, 2007).

❖ 표 8-1 ❖ 1세대 원격교육의 장단점

장점	단점
• 사용이 간편하다. • 특정 기술이 필요 없다. • 친숙한 매체이다. • 사용자 통제권을 가진다. • 비교적 경제적이다. • 제작이 간편하다.	• 정적인 표현이다. • 지루한 자료일 가능성이 높다. • 상호작용이 없는 일방성이다. • 언어 능력, 읽기 능력에 따른 학습의 차이가 있다.

(2) 2세대 원격교육

2세대 원격교육은 1960년대 후반부터 1970년대 초반에 방송과 녹음매체를 활용하면서 시작되었다. 1970년대 초, 개방대학(Open University)의 개교는 원격교육의 2세대와 밀접한 관련이 있다(Moore & Kearsley, 1995). 이때 1세대와 2세대는 거리(distance)라는 개념을 전제로 하며 교수자와 학습자 간 혹은 학습자와 학

❖ 표 8-2 ❖　2세대 원격교육의 장단점

장점	단점
대량성 속보성 동시성 시청각적 전달 현실성	시간적 제약 상호작용성의 제약 대중지향성 개별화의 제약

습자 간의 물리적 분리를 기초로 하고 있다는 공통점을 갖는다.

특히 1969년 영국개방대학(The British Open University)의 설립은 대중전파 매체를 이용한 원격교육 발전의 계기를 마련하였고, 세계 각 나라가 방송학교, 개방학습센터, 방송대학, 개방대학 등의 원격교육 기관을 설립하는 계기가 되었다(변영계 외, 2010).

(3) 3세대 원격교육

3세대 원격교육은 1970년대 초, 텔레콘퍼런싱을 기반으로 시작한 원격교육 방식으로, "다른 공간에 위치한 둘 혹은 더 많은 집단 간 혹은 셋 혹은 더 많은 수의 개인 간 오디오, 오디오그래픽, 비디오, 컴퓨터 시스템 등을 활용한 쌍방향 집단 의사소통"을 가능하게 하였다(Garrison, 1989; Olgren & Parker, 1983).

텔레콘퍼런싱은 다른 시공간에 있는 학습자들 간에 집단학습을 가능하게 한다

❖ 표 8-3 ❖　3세대 원격교육의 장단점

장점	단점
• 사용이 간편하다. • 의사소통이 편리하다. • 다양한 협력학습을 지원한다. • 멀티미디어이다. • 디지털화이다. • 다양한 상호작용이 가능하다.	• 정적인 표현이다. • 기술적 제한점이 있다. • 교수자, 학습자 모두에게 테크놀로지 사용 능력이 요구된다. • 잘못된 정보에 의한 오개념 형성의 가능성이 있다. • 멀티미디어 콘텐츠 제작에 어려움이 있다.

는 점에서 매우 획기적이다. 텔레콘퍼런싱이 소개되기 전에는 원격교육의 형태인 통신교육이 개별학습으로 간주되어 왔다. 그러나 텔레콘퍼런싱은 학습자가 교수자뿐만 아니라 동료 학습자와도 의사소통을 할 수 있고, 쌍방향 의사소통을 통한 즉각적인 피드백을 가능하게 하였다.

3세대 원격교육은 학습자 간의 실시간 의사소통도 가능하게 하였다. 1990년대 정보통신 기술의 발달은 컴퓨터 콘퍼런싱 네트워크와 컴퓨터기반 멀티미디어를 포함하는 실시간과 비실시간 의사소통 도구를 제공하게 되었다. 이러한 3세대 원격교육은 어떤 시스템을 활용하느냐에 따라 강의 방식과 상호작용 방식의 변화를 가져왔다. 이를 비교하여 제시하면 〈표 8-4〉와 같다(Smaldino, Russell, Heinich, & Molenda, 2005).

❖ 표 8-4 ❖ 원격교육 시스템에 따른 강의 방식과 상호작용 방식

원격교육 시스템의 구성	강의요소	상호작용의 방법
라디오, 방송	음성, 음악	과제, 우편시험
오디오 원격회의	음성, 생음악	음성으로 직접 질문과 답, 과제, 우편시험
오디오 그래픽 원격회의	음성, 음악, 정지그림, 그래픽	음성으로 직접 질문과 답, 정지그림, 그래픽, 과제, 우편이나 팩스시험
컴퓨터 원격회의	전자글자, 데이터, 그래프	교사와 학생이 컴퓨터로 상호작용
TV, 일방향 비디오, 일방향 오디오	음성, 음악, 정지그림, 그래픽, 동영상	과제, 우편시험
TV, 일방향 비디오, 쌍방향 오디오 (비디오 원격회의)	음성, 생음악, 정지그림, 그래픽, 동영상	음성으로 직접 질문과 답, 과제, 우편시험
TV, 쌍방향 비디오, 쌍방향 오디오 (쌍방향 비디오 원격회의)	음성, 생음악, 정지그림, 그래픽, 동영상	음성과 시각으로 직접 질문과 답, 과제, 우편시험

(4) 4세대 원격교육

4세대 원격교육은 새로운 패러다임(Kaye, 1988) 혹은 새로운 교육영역으로 불린다. 학습 과정에서 학습자에게 더 많은 자기주도성을 부여하는 형태로 계속 발전되었고, 더 나아가 가상 공동체 내에서 보다 실제적인 개별화 학습을 달성할 수 있는 교육형태로 변환되고 있다(변영계 외, 2010).

3) 원격교육의 장단점

(1) 원격교육의 장점

원격교육은 면대면 수업에 비해 다음과 같은 장점이 있다(변영계 외, 2010).

① 학습자는 자신이 원하는 시간, 원하는 장소에서 원하는 편리한 방법으로 학습할 수 있다.
② 학습자는 자신이 원하는 장소에서 학습이 가능하기 때문에 이동을 위해 필요한 비용과 시간을 절약할 수 있다.
③ 학습자는 최신 정보와 교재를 쉽고 빠르게 구할 수 있어서 학습 자료를 효율적으로 구입할 수 있다.
④ 학습자는 원거리에 있는 교수자나 전문가와 직접 대화할 수 있는 기회를 가질 수 있다.
⑤ 학습자는 다른 지역에 있는 학습자와 협력 학습할 수 있다.
⑥ 학습자는 다른 지역의 학습자를 통해 그 지역의 학습 자원이나 학습 경험을 공유할 수 있다.

(2) 원격교육의 단점

원격교육은 면대면 수업에 비해 다음과 같은 단점이 있다(변영계 외, 2010).

① 원격교육 시스템의 구축을 위한 초기 비용이 많이 든다.

② 각종 교재개발 및 학생지원 서비스를 위한 원격교육 시스템의 운영을 위해 지속적인 투자가 필요하다.

③ 학습의 질을 유지하기 위해 콘텐츠의 개발과 업그레이드, 다양한 서비스의 제공 등이 요구된다.

④ 학습의 질 관리와 평가가 어렵다. 원격교육 시스템만으로는 객관적인 평가가 어려워서 면대면 평가를 병행해야 할 필요성이 있다.

⑤ 원격교육을 위한 수업설계가 철저히 준비되지 않으면 피상적인 학습만을 하게 될 가능성이 높다.

⑥ 원격교육 시스템이 제대로 작동하지 않을 경우 의사소통의 어려움이 발생하며 학습자는 심리적인 소외감을 가질 수 있고, 그 결과 학습 효과가 감소될 수 있다.

4) 원격교육 매체 선정을 위한 ACTIONS 모델

원격교육은 전통적 교실수업인 면대면 수업과는 달리 언제 어디서나 학습자가 원하면 교육을 받을 수 있지만, 학습자가 원하는 시공간에서 학습하기 위해서는 교수학습 상황에 맞는 매체와 테크놀로지가 필요하다(이지연, 2008). 원격교육에서의 활용 매체는 시각매체, 청각매체, 시청각매체가 있다. 시각매체는 교과서, 학습안내서, 학습지침서, 학습지, 교과목 개요 및 강의계획서, 사례 모음집, 텔레텍스트(teletext), 전자우편, 컴퓨터 콘퍼런싱 등이다. 청각매체로는 전화, 오디오, 카세트테이프, 오디오 콘퍼런싱, 라디오 방송 등이 있다. 시청각매체는 비디오, 비디오 콘퍼런싱 등이다. 원격교육 시 이처럼 다양한 매체와 테크놀로지를 어떻게 선택하여 적용할 것인가를 결정하는 일은 매우 중요하다. 즉, 특정 매체와 테크놀로지를 사용하는 것에 초점을 두기보다는 사용목적과 가르칠 내용을 고려하여 적절한 매체와 테크놀로지를 선택하는 것에 초점을 두어야 한다. 베이츠(Bates, 1993)는 원격교육에서 매체와 관련 시스템을 선정하기 위한 지침을 제공하는 ACTIONS 모델을 다음과 같이 제시하였다(이화여자대학교 교육공학과, 2001).

(1) A (Access: 접근, 수신, 접속)

- 학습자에게 접근 가능한 테크놀로지인가?
- 테크놀로지는 집단에서 융통적으로 사용되는가?

(2) C (Cost: 비용)

- 테크놀로지의 비용은 적당한가?
- 학습자당 단위비용은 적당한가?

(3) T (Teaching and Learning: 교수와 학습)

- 필요한 학습 유형은 어떤 것인가?
- 적합한 교수전략은 무엇인가?
- 교수와 학습을 지원해 주는 최선의 테크놀로지는 무엇인가?

(4) I (Interactivity and User-Friendliness: 상호작용과 사용자 친화성)

- 테크놀로지는 어떤 유형의 상호작용을 가능하게 하는가?
- 테크놀로지를 사용하기가 용이한가?

(5) O (Organizational Issue: 조직의 문제)

- 테크놀로지를 성공적으로 사용하기 위해 사전에 갖추어야 할 조건은 무엇이며, 제거해야 할 장애물은 무엇인가?

(6) N (Novelty: 참신성)

- 테크놀로지는 참신한가?

(7) S (Speed: 신속성)

- 테크놀로지는 얼마나 빨리 교과에 부합될 수 있는가?
- 테크놀로지는 얼마나 빨리 수행될 수 있는가?

제9장 수업실행

1. 수업설계

교수자는 학습자를 대상으로 무언가를 가르치고자 할 때 가르칠 내용과 방법을 결정하여 적절하게 구조화하는 작업을 거친다. 이러한 일련의 과정을 수업설계라고 말한다. 교수자는 학습자의 학습을 위하여 최적의 방법을 찾고, 제한된 시간 안에 구조화하는 작업을 통하여 수업계획안을 작성하게 된다.

수업을 구상하여 설계하고, 그것을 수업계획안의 형태로 작성하기 위해 사용하는 원리는 다음과 같다(변영계, 김영환, 손미, 2007).

(1) 학습 목표의 명확화
• 원리 1: 도입 단계에서 학습자에게 학습 목표를 명확히 알려 준다.
• 원리 2: 학습자에게 학습 목표를 획득하는 절차를 알려 준다.
• 원리 3: 학습 목표가 성취되었을 때 만들어지는 작품 또는 우수 과제를 학습

자에게 보여 주고 장단점을 설명해 준다.

(2) 학습 동기의 유발

- 원리 4: 학습자가 학습 자극에 주의를 기울이게 한 후, 그 주의를 유지하게 한다.
- 원리 5: 학습자가 학습 목표와 자신과의 관련성을 깨닫게 한다.
- 원리 6: 학습자가 학습 목표에 대해 자신감을 갖도록 지도한다.
- 원리 7: 학습자가 자신의 노력의 결과에 만족할 경우 학습 동기는 유지되며 다음 학습에도 긍정적인 영향을 준다.

(3) 학습 결손의 파악과 처치

- 원리 8: 학습자가 선수학습 능력에 대한 자신의 결손을 명확히 알 수 있을 때, 보충학습이 효율적으로 이루어진다.

(4) 학습 활동과 수업내용의 제시

- 원리 9: 학습자의 학습 능력 수준에 알맞게 학습 활동을 개별화해 주면 학습 목표의 달성은 촉진될 수 있다.
- 원리 10: 학습자가 학습 활동에 적극적으로 참여하게 되면 학습자의 학습은 촉진된다.
- 원리 11: 학습 목표의 하위 구성요소를 계열적으로 순서화하여 그 순서대로 가르치면, 학습자는 좀 더 용이하게 학습을 하게 된다.
- 원리 12: 새로운 개념이나 원리의 학습에서 학습자에게 선행 조직자를 형성 시켜 주면 더욱 유의미한 학습이 될 수 있다.

(5) 연습 및 응용

- 원리 13: 연습은 학습을 확고하게 해 주고 망각을 방지해 준다.
- 원리 14: 학습자의 개인차를 고려하여 개인의 능력에 알맞은 연습량을 제공

하면 연습의 효과는 높아진다.

- 원리 15: 동일 과제를 여러 번 반복하여 연습할 수 있는 기회를 제공하면 연습의 효과는 높아진다.

(6) 형성평가와 피드백

- 원리 16: 학습 결과에 대한 정보가 즉각적으로 학습자에게 주어지고 그에 따른 강화가 있을 때 학습은 효율적으로 이루어진다.
- 원리 17: 학습자 자신이 학습 결과를 평가할 수 있는 기회가 많으면 학습 효과는 높아진다.

(7) 전이와 일반화

- 원리 18: 단순한 암기나 공식에 의한 학습보다는 이해가 확실하게 되는 학습을 할 때 학습의 파지와 전이는 높아진다.
- 원리 19: 학습한 행동을 익숙한 생활 주변의 문제에 적용해 보는 경험이 많을수록 학습의 전이와 일반화는 높아진다.
- 원리 20: 학습 직후에 학습한 내용을 정리하면 학습의 파지, 전이 및 일반화 수준은 높아진다.

수업계획 없이는 수업의 효과성, 효율성, 매력성, 안전성을 보장하기 어렵다. 교직은 전문적인 직업이고, 주요 업무는 수업이다. 그러므로 교직에 임하는 교사는 수업을 계획하는 데 책임이 있다. 수업설계의 기본 원리에 따라 수업계획을 수립하는 단계에서 고려되어야 할 주요 사항은 다음과 같다(한정선 외, 2008).

① 단원별 수업목표의 확인: 단원과 관련된 교육과정의 분석
② 교재 연구: 교과서, 교사용 지도서, 기타 참고 자료 연구
③ 학습자 선행학습 수준 분석: 학습자의 일반적 학습 수준 분석, 우수아 및 학습 부진아 현황 파악

④ 학교의 일반적인 여건 파악: 시설, 교육 자료, 교구 등 현황 파악
⑤ 학교의 교육이념 및 교육목표 확인

수업지도안은 교과목의 특성, 학교급별 그리고 학습 목표나 내용에 따라 다양하다. 차시별 수업계획안을 위해서 많이 활용하는 형식은 가네(Gagné)와 브릭스(Briggs)의 처방적 교수설계이론과 메릴(Meril)의 미시적 수준의 교수설계이론을 적용한 형태를 주로 활용한다. 여기에 켈러(Keller)의 ARCS 이론을 활용하여 학습동기를 적절하게 유발시킬 수 있다(한정선 외, 2008).

2. 수업계획안 작성

수업계획안을 작성할 때 선행되어야 하는 부분은 학습 과제를 분석하는 일이다. 학습 과제를 분석하여 주요 학습 요소를 추출한 후, 이를 토대로 수업계획을 세운다. 가장 먼저 해야 할 일은 학습의 목표를 세우는 일이다. 그리고 이를 달성하기 위해서 수업내용을 어떻게 조직할 것이며, 각 내용을 달성하기 위해서는 어느 정도의 시간이 필요한지 계획한다. 내용을 조직할 때 수업의 공통요소는 가능한 한 수업의 초기에 진행될 수 있도록 구성하고, 선수학습 요소가 되는 것은 선행하여 가르치도록 구조화한다.

1) 수업전략과 수업방법 결정

수업목표와 수업내용이 조직화되면 수업전략과 수업방법을 결정한다. 수업전략과 수업방법은 한 차시의 수업 안에서도 다양하게 선택할 수 있다. 선정 가능한 수업방법으로는 강의법, 시범수업법, 토의법, 탐구수업, 발견학습 등이 있다.

2) 수업매체의 선정

수업매체의 선정에서 가장 중요한 원칙은 수업목표 달성을 위한 적합성 여부이다. 그리고 고려해야 할 사항으로는 안정성, 현실성, 경제성 등이 있다.

3) 평가계획의 수립

수업계획안을 작성할 때 놓치기 쉬운 부분은 평가계획의 수립이다. 진단평가, 형성평가, 총괄평가 등을 언제 그리고 어떻게 실시할 것인가를 결정한다. 진단평가는 수업을 시작하는 첫 시간에 하는 것이 일반적이다. 형성평가는 학습 내용에 따라 다르기는 하지만 대개 매 수업을 진행한 후 하고, 총괄평가는 수업의 마지막 부분에 배치한다.

4) 수업계획안 양식

수업계획안은 용도에 따라 다양한 형태를 활용할 수 있다.

수업계획안 양식(1)은 교과목의 한 단원에 대한 수업계획안으로 단원명, 단원 설정의 이유, 지도방침, 전체 지도안을 제시하고 평가방법과 본시 계획안을 작성하는 양식이다.

수업계획안 양식(2)는 하나의 수업에 대한 계획안으로 수업명, 대상, 학습 목표, 소요시간을 기술한 후 도입, 전개, 정리의 수업절차에 따라 수업활동과 내용, 자료 등을 작성하는 양식이다.

수업계획안 양식(3)은 하나의 수업에 대한 계획안이나 수업의 절차가 교수자 중심의 수업방식이 아닌 학습자 중심의 수업방식으로 문제가 제시된 후, 학습자들이 연습을 통해 학습을 하고 교수자가 피드백하는 형태의 수업에 대한 수업계획안 양식이다.

수업계획안 양식(1)

일시:
대상:
지도교사:

1. 단원명
2. 단원설정의 이유
3. 지도방침
4. 전체 지도안

차시	소단원	학습 내용	수업방법	교재 및 교구	유의사항
1차시					
2차시					
3차시					

5. 평가방법
6. 본시 수업계획안

단계	학습 내용 및 학습 활동		교재 및 교구	학생의 준비물	시간
	교사	학생			
도입					
전개					
정리					
과제					
평가					

수업계획안 양식(2)

1. 수업명:
2. 대상:
3. 학습 목표:
4. 소요시간:

수업절차		활동	내용	전략 및 기법	학습 자료	시간
도입	① 동기부여					
	② 목표 제시					
	③ 평가기준 및 방법					
	④ 선수학습 파악					
학습 활동 (전개)	⑤ 정보 제시					
	⑥ 예시 제시					
	⑦ 실습					
	⑧ 피드백					
	⑨ 형성평가					
정리	⑩ 평가					
	⑪ 요약 및 추후지도					

수업계획안 양식(3)

1. 수업명:
2. 대상:
3. 학습 목표:
4. 소요시간:

수업절차		수업활동	수업기반	학습 자료	시간
문제제시	교수자				
연습	학습자				
피드백	교수자/동료				

3. 수업평가

수업평가는 수업이 종료된 후에 한다고 생각하기 쉬우나 앞서 기술한 대로 수업진행 시작점에서 하는 진단평가, 수업을 진행하는 과정 중에 하는 형성평가, 수업의 마무리 시점에서의 총괄평가로 구분된다.

1) 진단평가

진단평가(diagnostic evaluation)는 수업을 진행하기 전에 학습자가 어느 수준의 학습 능력과 지식 등을 갖고 있는지 평가하는 것을 말한다. 학습 내용과 학습자들이 모인 규모에 따라 진단평가의 방식은 달라지는데, 관찰, 인터뷰, 지필평가, 체크리스트 등을 활용한다.

진단평가를 통해서 알 수 있는 정보는 학습자의 사전학습 정도, 적성, 흥미, 동기, 학습에 대한 요구, 기능 등이다. 진단평가 결과를 통해 교수자는 수업의 목표와 수업의 구조를 변경할 수 있다. 학습자의 선행학습 정도, 흥미 수준, 학습에 대한 요구 등을 반영하여 수업의 전체 구조 혹은 수업의 일부분을 변경할 수 있다.

2) 형성평가

형성평가(formative evaluation)는 수업 진행 중에 학습자의 학습 진행 정도를 파악하는 용도로 많이 활용된다. 스크리븐(Scriven, 1967)은 형성평가를 프로그램 혹은 산출물의 개발 도중이나 향상을 위하여 실행되는 과정이라고 하였다. 딕과 케리(Dick, Carey, & Carey, 2001)는 형성평가는 교수학습의 효과성, 효율성, 매력성을 개선하기 위한 교수개발의 전 과정에서 다양한 정보 및 데이터를 수집하여 평가하는 방법이라고 하였다. 즉, 형성평가는 프로그램 개발이 진행되는 동안 이루어지는 것으로 개발의 결과로 제작된 교수자료나 프로그램이 설정된 목표를 달성하도록 돕게 된다(Flagg, 1990). 프로그램 개발의 형성평가에서 가장 강조되는 측면은 각 단계마다 필요한 데이터나 자료를 수집하고 분석하여 각 과정을 수정하고 보완해 감으로써 최종 결과물의 질을 개선하고자 하는 것이다.

이런 의미에서 수업에 있어서의 형성평가는 수업이 진행되는 중간과정에서 학습자들의 학습 수행 정도를 측정하여 향후 수업의 진행 방향을 재정립하는 데 중요한 도구가 된다. 학습 내용에 따라 다르지만, 계열성과 순서성이 강한 학습 내용일 경우, 학습자의 형성평가 결과는 수업을 계속 진행해야 할지 아니면 수행 정도가 미흡한 부분을 다시 반복해서 진행해야 할지를 결정하는 척도가 된다.

3) 총괄평가

총괄평가(summative evaluation)는 일련의 수업을 마친 후, 학습자의 수행 정도를 측정하는 과정으로 수업목표 달성 정도를 판단한다. 교육 프로그램이나 교육 자료의 평가에 있어서 총괄평가에 대해 스크리븐(1967)은 프로그램 완성 후 실행하는 것으로 외부의 고객이나 의사 결정자에게 도움이 되기 위하여 실행하며, 내부 인력과 외부 인력 또는 내부와 외부 인력을 모두 포함하여 실시한다고 하였다. 형성평가와 달리 신뢰성을 높이기 위해서는 외부 평가자를 포함시키는 경우가 많다.

수업의 평가에 있어서 중요한 부분 중의 하나는 학습 영역에 대한 평가이다. 블룸(Bloom)에 의하면, 학습 영역에 대한 평가는 인지적 영역, 정의적 영역, 심체적 영역으로 구분된다(한정선 외, 2008).

(1) 인지적 영역
① 지식: 사실, 개념, 원리, 방법, 유형, 구조 등에 대한 기억
② 이해: 이미 배운 내용에 관한 의미를 파악하는 능력. 단순히 자료를 기억하는 수준을 넘어 자료의 내용이 다소 치환되어도 그 의미를 파악하고 해석하고 추론하는 능력

③ 적용: 학습한 내용을 새로운 상황에 활용하는 능력

④ 분석: 전체 구조의 상호관계를 이해하기 위하여 주어진 자료의 구성 및 내용
　 을 비교하는 능력

⑤ 종합: 새롭고 독창적인 형태, 원리, 관계, 구조 등을 만들어 내기 위하여 주
　 어진 자료의 내용 및 요소를 정리하고 조직하는 능력

⑥ 평가: 어떤 특정한 목적과 의도를 근거로 주어진 자료 또는 방법이 갖고 있
　 는 가치를 판단하는 능력

(2) 정의적 영역

① 수용: 어떤 자극이나 활동을 기꺼이 수용하고 자발적으로 주의를 기울이게
　 되는 것과 같은 민감성

② 반응: 어떤 특정한 자극이나 현상에 대해서 단순히 주의를 기울일 뿐 아니라
　 그것에 적극적으로 반응하고, 이러한 반응을 하는 데 만족감을 느끼는 정의
　 적 학습 단계

③ 가치화: 어떤 사물이나 현상 또는 행동에 대해 그 의의와 가치를 부여하는
　 수준의 내면화

④ 가치의 조직화: 여러 가지 다른 종류의 가치를 종합하여 이전의 갈등을 해소
　 하고 내재적으로 일관성 있는 조직체계를 확립하기 위한 기초 단계

⑤ 가치의 인격화: 개인의 행동 및 생활의 기준이 되며, 가치관이 지속적이고 일
　 관성 있게 개인의 인격의 일부로 내면화된 정도

(3) 심체적 영역

① 반사적 운동: 무릎반사와 같이 개인의 의지와는 관계없이 나타나는 단순한
　 반사운동. 훈련이나 교육에 의해서 발달되는 것이 아니므로 교수목표로 설
　 정될 수 없는 행동이지만 보다 높은 운동 기능의 발달에 기초함

② 기초적 운동: 잡고 서고 걷는 것과 같이 여러 가지 또는 몇 개의 반사적 운동
　 이 함께 발달되고 통합됨으로써 이루어지는 동작

③ 운동지각 능력: 감각기관을 통하여 자극을 지각하고 해석하며 그것을 토대로 환경에 대처하고 적응하는 기능

④ 신체적 능력: 숙달된 운동 기능의 발달에 반드시 필요한 부분이며 민첩하고도 유연하게 일련의 숙달된 운동을 연속시키는데 필요한 기초 기능

⑤ 숙련된 운동: 능률성과 숙련도를 필요로 하는 운동 기능으로 타자 및 기계체조와 같이 비교적 복잡하고 숙련된 기능을 요구하는 운동을 할 때 동작의 능률성, 숙달도, 통합성을 요구함

⑥ 동작적 의사소통: 간단한 안면 표정과 무용과 같이 신체적 운동 및 동작을 통하여 감정을 표현하고, 그 표현 자체를 창작하는 운동 기능

제10장 교육방법 및 교육공학의 변화

교육방법 및 교육공학의 변화

1. 교수학습 패러다임의 변화

1) 정보사회의 도래

21세기 정보사회는 에너지의 가치보다 정보의 가치가 더 우선시되는 사회로 변화하고 있다. 라이겔루스(Reigeluth, 1999)는 산업사회와 정보사회의 특징을 비교하여 다음과 같이 제시하였다.

산업사회는 과학기술의 발전과 에너지를 기반으로 하는 대량생산의 사회로서, 중앙부처의 지휘본부에서 이루어진 의사결정이 관료적 조직구조를 통하여 일사분란하게 하부 조직으로 지시·전달되는 사회이다. 이러한 사회는 자신이 담당하는 특정 분야의 전문성이 강조되어 분업화가 이루어지고, 끝없는 경쟁에서 승자만이 살아남을 수 있는 경쟁사회, 즉 적자생존의 사회이다.

그러나 지식정보사회는 소비자의 개성과 취향을 중요시하고 주문식, 맞춤식

❖ 표 10-1 ❖ 산업사회와 정보사회 조직의 특징

산업사회	정보사회
• 표준화(standardization)	• 주문생산(customization)
• 관료적 조직(bureaucratic organization)	• 팀 조직(team based organization)
• 중앙통제방식(centralized control)	• 자율성(autonomy with accountability)
• 경쟁적 관계(adversarial relationship)	• 협동적 관계(coorperative relationship)
• 권위적 의사결정(autocratic decision making)	• 의사결정의 공유(shared decision making)
• 순종성 강조(compliance)	• 독창성 강조(initiative)
• 동조 강조(conformity)	• 다양성 강조(diversity)
• 일방적 의사소통(one way communication)	• 네트워킹(networking)
• 부분적(compartmentalization)	• 전체적(holism)
• 분과지향(parts oriented)	• 과정지향(process oriented)
• 보스가 왕(CEO or boss as 'king')	• 고객이 왕(customer as 'king')

사회에서 소수 몇 사람의 의견보다는 여러 사람이 참여하여 결정하는 열린사회
의 전체적이며 통합적인 접근을 강조한다. 획일화되고 규격화된 것보다는 독창
성과 다양성이 강조되며, 다른 사람과의 상호작용이 더욱 강조되는 자율, 협력,
개방이라는 특징을 지닌다.

산업사회에서의 교수학습 패러다임이 표준화된 인재 양성을 목적으로 하는 것
이었다면, 정보사회의 교수학습 패러다임은 학습자 간의 차이와 다양성을 기반
으로 하는 창의적인 인재를 양성하는 것에 초점을 두고 있다. 이와 같은 교수학습
패러다임의 변화는 교수자 중심의 교육환경으로부터 맞춤식 교육과정과 다양한
수업방식을 도입하는 학생 중심의 교육환경으로의 전환을 가져오게 되었다. 산

❖ 표 10-2 ❖ 산업사회와 정보사회의 교수학습 패러다임

산업사회의 교수학습 패러다임	정보사회의 교수학습 패러다임
교수에 초점을 둔 교육	학습에 초점을 둔 교육
표준된 인재 양성	창의적인 인재 양성
획일적 수업 형태	다양한 수업 형태
교수자 중심의 교육환경	학생 중심의 교육환경

업사회와 정보사회의 교수학습 패러다임을 비교해 보면 〈표 10-2〉와 같다(박숙희, 염명숙, 2010).

2) 교수자 중심에서 학습자 중심으로의 변화

20세기 진보주의 교육철학 등의 영향으로 학습자 개인에 대한 관심이 높아지면서 창의적인 인간을 양성하기 위한 학습자 중심의 교수방법이 등장하게 되었다. 특히 지식기반사회가 도래하면서 지식과 기술을 활용하여 학습자 중심으로 학습할 수 있도록 지원하는 시스템과 학습 도구가 개발되면서 새롭고 혁신적인 교수방법을 도입하게 되었다. 따라서 오늘날 교육은 교수자 중심에서 학습자 중심으로 전환된 것이다.

교수자 중심의 교수방법은 교수자가 교수학습 과정의 중심이 되어 학습자에게 교수내용을 전달하는 방법인 강의식 수업이 주를 이룬다. 이러한 교수자 중심의 교수체제에서는 교수내용을 조직하고 가르치는 방법에 대한 결정 권한이 대부분 교육과정을 제공하는 교육기관이나 가르치는 교수자에게 주어진다. 따라서 교수자가 모든 학습 내용의 구조, 내용 제시, 교수방법, 학습 진도 등에 대하여 결정한다.

이러한 교수자 중심의 교수방법에서는 학습자의 평가방식에 있어서도 학습자의 의견이 거의 반영되지 않는다. 학습의 성취도는 미리 정해진 기준에 따라 평가되며, 평가방법에 대해서도 교수자에게 권위가 주어진다. 이러한 교수학습 과정은 학습자의 지적 호기심을 자극하거나 학습자 스스로가 학습을 조직하고 계획하고자 하는 동기를 부여하는 데 부정적인 영향을 미치게 되어, 학습자가 자신의 학습에 대한 책임감 부족으로 수동적인 학습자가 되게 한다.

반면, 교수자의 능력과 기술에 지나치게 의존하는 교수자 중심의 교수방법과는 달리, 학습자 중심의 교수방법은 학습자의 학습 수준 및 학습 스타일에 초점을 두고 융통성 있는 교육을 제공한다. 이러한 방식에서는 학습자가 수업의 주체가 되어 모든 학습 환경에 적극적으로 참여하여 행정 조직과 물리적 환경, 다양한 테크놀로지 환경 등을 활용한다. 또한 교사는 언제 어디서나 학습자의 학습을 안내하고 조언해 주는 촉진자의 역할을 하여 학습자 스스로 자기주도적인 학습을 할 수 있도록 지원한다(Driscoll, 1994). 이러한 학습자 중심의 교수방법이 성공적으로 실행되기 위해서는 무엇보다 학습자의 동기부여가 매우 중요하다. 학습자가 스스로 문제를 탐구하고 해결해야 하므로 학습자의 학습에 대한 흥미와 참여하고자 하는 동기가 있어야 효과적인 교육이 될 수 있다. 또한 서로 다른 능력과 배경을 가진 이질 집단에서의 팀원들과 협력학습하는 것이 매우 효과적이다. 교수자 중심의 교수와 학습자 중심의 교수를 비교하여 제시하면 〈표 10-3〉과 같다.

  교수자 중심의 교수방법에서 학습자 중심의 교수방법으로의 변환은 교수자와 학습자의 역할에도 변화를 가져왔다. 교수자의 역할이 지식을 전달하거나 학습목표에 도달하기 위해 학습자를 훈련시키는 훈육자의 역할에서, 학습자가 필요

❖ 표 10-3 ❖ **교수자 중심 교수와 학습자 중심 교수 비교**

	교수자 중심 교수	학습자 중심 교수
구조	• 교육의 결정 권한이 교육기관이나 교수자에게 있음	• 학습자의 요구에 따라 융통성 있게 변경됨
수업 방식	• 강의식, 교과서 중심 • 획일적인 지도 • 암기 위주의 주입식 교육 • 수동적인 수업 참여 • 교사의 수업 능력, 지도성에 의존	• 탐구, 발견 중심 • 개인차를 고려한 개별 중심 지도 • 사고력, 문제해결력 증진을 위한 수업 • 능동적인 수업 참여 • 다양한 학습 자료에 의존
수업 평가	• 규준지향평가	• 목표지향평가
장점	• 짧은 시간에 많은 내용을 체계적으로 수업 • 학교교육의 전형적인 수업방식으로 교사나 학생 모두에게 익숙함 • 시간, 경비, 시설의 효율적인 운영이 가능한 경제적인 교수법	• 흥미 있는 수업 • 창의력 향상 • 학습자의 성취 욕구 충족 • 개인차를 인정하는 교육
교사의 역할	• 정보의 유일한 제공자	• 수업의 안내자 • 학습촉진자

한 정보를 스스로 수집하도록 지원하고 격려해 주는 협력자의 역할로 변화된 것이다. 교사와 학습자의 역할 변화를 살펴보면 〈표 10-4〉와 같다(Newby, Stepich, Lehman, & Russell, 2000).

❖ 표 10-4 ❖ 교수자와 학습자의 역할 변화

	과거	현재
교수자 역할	• 교수자는 항상 전문가여야 한다. • 교수자는 학습자에게 끊임없이 정보를 제공한다. • 교수자는 항시 질문하고 통제한다. • 교수자는 학습자를 훈련하고 지도한다.	• 교수자는 학습자를 지원하기 위해 적시에 참여한다. • 교수자는 학습자가 필요한 정보를 스스로 찾도록 지원한다. • 교수자는 학습자 스스로 탐구하고 대안적인 방법을 찾도록 안내한다. • 교수자는 학습자 각자가 문제를 창의적으로 해결하도록 격려한다.
학습자 역할	• 학습자는 교수자의 지식과 지도 방향에 따라 수동적으로 반응한다. • 학습자는 항상 배우는 자이다. • 학습자는 항상 주어진 절차에 따른다. • 학습자는 교수자를 모든 문제를 해결해 줄 수 있는 사람으로 본다.	• 학습자는 지식과 학습 경험을 능동적으로 찾고, 필요한 것을 얻는다. • 학습자는 지식을 준비하는 자 또는 전문가이다. • 학습자는 문제를 창의적으로 해결하기 위해 탐구하고 탐색한다. • 학습자는 교사를 격려해 주는 조력자나 모델 또는 지원자로 본다.

이와 같이, 학습자는 과거의 수동적이고 교사의 지시에 따라 절차대로 학습을 하는 역할에서 현재의 능동적이고 스스로 탐구하고 해결하는 주체적인 역할로 변화하였다.

3) 테크놀로지의 변화

20세기에는 테크놀로지를 활용한 교수방법이 등장하면서 간단한 교수매체의 활용에서 전자매체 및 컴퓨터를 중심으로 하는 뉴미디어의 활용이 활발하게 이루어지게 되었다. 이러한 테크놀로지의 교육현장에서의 활용은 교수자 중심의 수업방식에서 벗어나 원격교육(distance learning), 사이버 공간에서 가상학습(virtual learning) 등과 같은 테크놀로지 중심의 수업방식을 가져오게 되었다.

또한 1990년대 중반부터 급속하게 보급된 웹기반 수업(web-based instruction)과 정보통신의 기술을 적극 활용한 ICT 교육, 인터넷을 이용한 첨단 테크놀로지교육 등이 e-러닝(electronic learning)의 발전을 가져왔다.

e-러닝은 '인터넷을 통한 학습' '컴퓨터를 기반으로 하는 학습(computer based learning)' '웹기반 학습(web based learning)' 등 컴퓨터 기반의 다양한 첨단 테크놀로지를 적용한 학습이라는 의미를 가진다. 최근에는 유비쿼터스러닝(ubiquitous learning)이라는 용어가 등장하면서 언제, 어디서나 학습 정보를 접하고 다양한 공간에서 다양한 방식으로 학습할 수 있는 학습 환경이 도래하게 되었다. 유비쿼터스는 인간이 있는 곳이면 어디서나 원하는 서비스를 받을 수 있는 새로운 학습 환경과 도구를 제공하게 되었다(백영균 외, 2010).

2. 공학의 발전과 교수학습 도구의 변화

스마트 기기의 급속한 확산과 SNS, 클라우드 컴퓨팅 등의 발전이 가져온 교육패러다임의 변화로 인해 교수자들이 교육현장에서 활용할 수 있는 다양한 시스템 및 교수학습 도구들을 살펴보도록 하겠다(김정랑 외, 2013).

1) 학습관리 시스템(LMS)

학습관리 시스템(Learning Management System: LMS)은 온라인상에서 교수학습 전반의 모든 과정을 확인하고 관리할 수 있도록 학습 콘텐츠를 개발, 실행, 공개, 평가하는 시스템이다. LMS는 교수자의 학습 자료와 참고 자료를 제공하고 업로드하며, 학습자의 과제물 제출 및 피드백 제공, 학습자의 학습자 간, 교수자와 학습자 간의 커뮤니케이션이 가능한 대화의 장 제공을 하여 교육환경과 교육효과를 최대화한다(임재현, 2010). 국내에서 사용되는 대표적인 LMS를 살펴보도록 하겠다.

(1) 무들

무들(Moodle) 시스템은 강의 지원과 SNS 등을 활용한 소셜 네트워크 기능을 제공하는 학습 환경을 지원한다. 무들을 활용하여 다양한 학습 자료를 제공할 수 있으며 학습자 간의 상호작용과 학습자와 교수자의 피드백, 그리고 다양한 학습 경험을 제공할 수 있다.

(2) 블랙보드

블랙보드(Blackboard)는 1995년 브리티시컬럼비아 대학교에서 개발되었다. 1997년에는 이러닝 업체인 WebCT와 합병하였으며 현재 전 세계 대학 및 기관에서 운용되고 있다. 세계 상위권 100위 안에 있는 대학들 중 90% 이상이 블랙보드를 사용하고 있다. 또한 미 국방부 산하 교육기관의 100%가 블랙보드를 사용하고 있다. 블랙보드는 언제 어디서나 교수자가 다양한 자료를 플랫폼에 올리고, 실시간 동영상 강의를 제공할 수 있도록 한다. 또한 학습 공동체, 프로젝트 팀, 커뮤니티 등을 블랙보드 플랫폼에서 자유롭게 구성할 수 있다. 이러한 기능은 학습자와 학습자 간, 학습자와 교수자 간의 상호작용, 토론 및 자료 공유 등을 지원한다.

2) 개방교육자원(OER)

세계적으로 확산되고 있는 개방교육자원(Open Educational Resources: OER) 운동은 참여자와 교육 자원의 양을 급속도로 확대하고 있다. OER 운동에 대한 관심은 국내에서도 점차 높아지고 있고, 이로 인해 디지털화된 다양한 교수학습 형태의 자원을 무료로 개방하는 운동이 확산되고 있다. OER을 제공하는 대표적인 기관은 다음과 같다.

(1) MIT의 OCW

MIT는 2002년도에 저개발국과 개발도상국에게 교육적인 지원을 주기 위한 목적으로 OCW(Open Course Ware)를 시작하였다. 현재 하버드, 스탠퍼드, 케임브리지 대학교 등을 포함하는 전 세계의 유수 대학에서 강의 자료를 무료로 공개하면서 OCW를 시행하고 있다. OCW는 맞춤식 교육으로의 변화를 주도하는 전환점이 되었으며, 지금까지의 공급자 위주 교육방식을 수요자 위주 교육방식으로 바꾸어 놓았으며 전 세계인이 다양한 문화를 학문적으로 접근할 수 있도록 하였다는 긍정적인 평가를 받고 있다(임재현, 2010). MIT의 OCW는 세계적인 석학들의 수업을 녹화하여 홈페이지에 동영상 강의를 업로드하고 이를 무료로 공개하고 있다(박종희, 2010). 현재 국내에서도 한국학술정보원에서 운영하는 KOCW에 많은 대학이 공개 강의를 제공하고 있다(박인우, 2010).

❖ 그림 10-1 ❖ OCW 화면(http://ocw.mit.edu/)

(2) 테드

테드(TED)는 각 분야의 저명인사들을 강연자로 초청하여 지식 콘퍼런스를 개최하는 미국의 비영리 재단이다. '널리 퍼져야 할 아이디어(Ideas worth spreading)'라는 모토를 갖고 녹화한 강좌의 동영상을 무료로 공개하고 있다.

❖ 그림 10-2 ❖   테드 로고(http://www.ted.com/)

(3) 아이튠스 유

애플사의 아이튠스 유(iTunes University)는 컴퓨터, 아이폰, 아이패드 등의 기기에 하버드, MIT, 옥스퍼드 대학교의 공개 강의를 동영상 형태로 제공하고 있다.

❖ 그림 10-3 ❖   아이튠스 유 화면

(4) 칸 아카데미

칸 아카데미(Khan Academy)는 MIT 출신의 샐먼 칸(Salman Khan)이 운영하는 비영리 교육 사이트이다. 칸 아카데미는 주로 생물, 화학, 물리, 경제, 역사 등의 분야의 강의를 15분 정도 분량의 콘텐츠로 녹화하여 제공한다. 2010년에 구글(google)이 개최한 '프로젝트 10의 100제곱' 공모전에서 '세상을 바꿀 다섯 가지 아이디어'로 선정되었다.

❖ 그림 10-4 ❖ 칸 아카데미 화면(http://www.khanacademy.org)

3) 소셜 네트워크 서비스(SNS)

소셜 미디어(Social Media)는 참여(Participation), 개방(Openness), 대화(Conversation), 커뮤니티(Community), 연결(Connectedness)이라는 키워드를 특징으로 하는 사회적 네트워크 서비스이다. 사람들은 인터넷상에서 자신이 가지고 있는 유익한 정보를 개방, 공유, 토론한다. 최근 SNS(Social Network Service)를 수업에 활용하는 사례가 증가하고 있다. 수업 중 제시된 문제와 관련된 유튜브 동영상 자료를 검색하고 공유하게 한 후, 토론과 질의응답으로 이루어지는 수업을 진행하기도 한다. 이러한 수업은 학생들의 학습 과제에 대한 흥미와 참여를 증진시킨다(박은숙, 2012). 점차 확산되고 있는 수업에서의 블로그, 페이스북 활용 역시, 학습자의 참여, 협력, 흥미, 협력과 네트워크를 통한 공유와 나눔에 효과적인 것으로 알려져 있다.

❖ 그림 10-5 ❖　소셜 미디어 지형도(http://www.fredcavazza.net/2010/12/14/social-media-landscape-2011/)

(1) 위키피디아

위키피디아(Wikipidea)는 협업에 기초하여 새로운 지식을 창출해 내는 학습 방식이다. 위키피디아는 사용자가 자유롭게 내용을 수정·편집할 수 있는 인터넷 백과사전으로도 잘 알려져 있다.

❖ 그림 10-6 ❖ 위키피디아 로고(http://www.wikipedia.org/)

(2) 갤럭시 주

갤럭시 주는 비전문가들이 온라인에서 천문학을 공동 연구하는 프로젝트로서 약 27만여 명이 참여하고 있다.

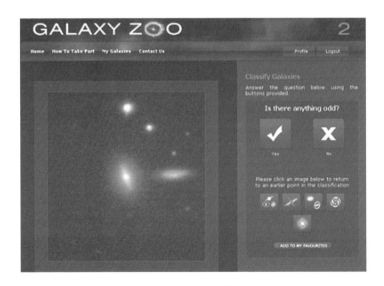

❖ 그림 10-7 ❖ 갤럭시 주 화면(http://www.galaxyzoo.org/)

(3) 인텔리피아

인텔리피아(Intellipedia)는 미 국가안보국(NSA), 중앙정보국(CIA), 연방수사국(FBI) 등의 주요 정보기관들이 참여하는 온라인 정보 공유 시스템이다. 인증된 사용자의 접근만이 허용되며 정보를 등록하면 이를 동료들이 수정할 수 있도록 되어 있다. 비디오 콘텐츠 제작을 위한 툴(tool), 태깅(tagging)을 통한 카테고리, 다양한 모바일 기기에서의 재생을 지원하며 정보 풀(pool)의 기능을 가진다.

❖ 그림 10-8 ❖ 인텔리피아 화면(https://www.intelink.gov/wiki/)

3. 교수학습이론 및 방법의 변천과 최근 동향

1) 교수학습이론의 변천

20세기 초 손다이크(Thorndike), 파블로브(Pavlov), 스키너(Skinner) 등과 같은 행동주의자들에 의해 학습 이론이 연구되기 시작하면서 인간의 학습 행위를 설명하기 시작하였고, 이러한 학습 이론이 교실 현장에 적용되었다(홍기칠, 2012). 1950년대 이후부터 현재까지 교수학습이론의 흐름과 동향을 정리해 보면 다음과 같다(박숙희, 염명숙, 2007).

(1) 1950년대부터 1975년까지

행동주의학습이론이 교육 현장으로 옮겨지면서, 스키너의 행동주의이론을 교실에 적용하기 위한 방법에 관심을 가지게 되었다. 한편, 행동주의에 반하여 인지주의자들도 나타나게 되었고, 피아제(Piaget)의 인지발달이론, 가네(Gagné)의 학습조건이론, 브루너(Bruner)의 인지적 접근이론에 대한 연구가 발전하게 되었다.

(2) 1975년부터 1990년대까지

인지심리학이 전성기를 맞이하여 인지이론가들에 의해 인간 자신이 만들고 구성하는 인간의 상징적 행동에 대한 연구가 심화되었다. 이 시기에 발달된 커뮤니케이션 이론의 영향으로 학습자의 복합적인 정보처리과정에 대한 연구가 중심이 되었다. 또한 빠른 속도로 발전하고 있는 컴퓨터 과학의 영향으로 인해 인지심리학 분야는 학습에서의 인지적 처리과정, 상위인지(meta cognition), 기억 등에 관한 연구가 교수학습 과정에 관한 중요한 시사점을 제시하였다.

(3) 인지심리학 발전 단계와 겹치는 1980년대부터 현재까지

1980년대 초부터 등장한 반두라(Bandura)의 사회인지이론, 비고츠키(Vygotsky)의 문화역사적 이론 등은 학습에 관한 인지적 관점에서의 새로운 흐름인 구성주의를 출현시켰다. 1990년대부터 발달한 구성주의(constructivism)와 신경과학(neuroscience) 분야의 연구 결과는 교수학습 과정에 적용되어 발전을 이루게 되었다.

2) 교수학습 방법의 최근 동향

(1) 스마트러닝

정보통신과 인터넷의 급속한 발달은 사회, 경제, 교육 분야 및 인간의 삶 전 영역에 많은 변화를 가져왔다. 최근 네트워크 첨단 기술의 발달로 인해 스마트폰과 같은 단말기를 활용하여 트위터, 페이스북 등의 소셜 네트워크 서비스가 확산되었다. 이로 인해 교육에 있어서도 무선으로 인터넷이 가능한 곳이면 어디서나 누구든지 학습할 수 있는 창의적인 학습 환경이 조성되었다. 네트워크 환경이 구축되어 있는 곳이라면 강의실 내에서 뿐만 아니라 강의실 밖에서도 학습자가 원하는 학습 방식으로 수강, 토론, 퀴즈 등의 다양한 학습 활동을 할 수 있게 되었다. 여기서는 스마트러닝의 개념과 특징을 살펴보도록 하겠다.

　① 스마트러닝의 등장 및 발전

　산업화 시대의 표준화되었던 교육시스템은 21세기 정보화 시대의 급변하는 정보와 지식기반의 변화에 맞춘 교육시스템으로 변화되고 있다. 이러한 변화는 일상생활까지 보편화되어 사용되고 있는 정보통신기기, 인터넷과 모바일 디바이스 등을 교육적으로 활용하는 방법에 대한 관심을 불러왔다. 즉, 언제 어디서나 시공간의 제약 없이 네트워크를 이용하는 학습 방식을 필요로 하게 된 것이다(박인우, 2010). 이와 더불어 학습자가 자유롭게 정보를 습득할 수 있도록 기술을 갖추고 개인의 다양성을 반영하는 프로그램의 개발에 대해서도 관심이 높아지고 있다(박종선, 2008).

　이에 따라 교육기관들은 교사와 학생의 능동적인 교육을 위해 새로운 기술과 정보의 활용을 적극 추진하고 있다. 과제수행과 학업성취도를 높이기 위해 테크놀로지의 사용 또한 강조되고 있다(김진희, 2010). 네트워크로 연결되고 개방된 시스템 내에서 학습자들이 여러 가지 기술과 장치를 이용하여 소셜 네트워크를 형성하고 활발한 커뮤니케이션을 하면서 지식을 공유하도록 하고자 하는 것이다(박종선, 2008).

　PC를 활용한 컴퓨터 기반의 교육은 급속하게 발전하고 있는 정보통신 기술로 인해 인터넷을 이용한 e-러닝, 그리고 노트북과 PDA 등의 휴대용 컴퓨터, 휴대폰을 사용하는 m-러닝으로 점차 발전되어 왔다. 언제 어디서나 인터넷 접속이 가능한 u-러닝, 모바일환경에서 스마트 폰을 PC처럼 이용하는 스마트러닝으로 발전하고 있다. 스마트러닝의 발전은 전자적인 매체와 인터넷을 기반으로 하는 개방형, 분산형의 열린 학습 공간을 제공함으로써 누구나 원하는 시간과 장소에서 학습자 중심의 교육이 가능하게 하였다(고은이, 2012). 테크놀로지의 변화와 발달이 교육의 진보에 영향을 미치면서, 정보통신기술을 기반으로 학습자가 스스로 교육의 목표를 설정하고 교육방법과 과정을 선택하는 자기주도학습이 더욱 강조되고 있다.

스마트러닝(smart-learning)은 클라우드 컴퓨팅, 스마트 디바이스, 임베디드 기기(embedded device) 등과 같은 스마트 인프라(smart infra)를 통한 스마트한 방식(smart way)을 강조한다(노규성, 2011). 이러한 맞춤형, 지능형, 소셜러닝, 집단지성 등을 활용하여 학습 방식은 학습자의 흥미, 집중력, 동기유발 등을 높이고 실시간 학습과 개별학습을 위한 콘텐츠의 제공을 가능하게 한다(이영근, 2012). 〈표 10-5〉는 e-러닝 방식의 변화를 보여 준다(박은숙, 2012).

❖ 표 10-5 ❖ e-러닝, m-러닝, u-러닝, 스마트러닝 비교

구분	e-러닝	m-러닝	u-러닝	스마트러닝
학습 매체	데스크탑, 온라인 매체	휴대폰, PDA, 노트북	RFID, 센서기술, 가상현실기술	스마트폰, 스마트패드, 스마트TV, 클라우드 컴퓨팅
구현 환경	웹기반	이동통신망 (2G, 3G)	인터넷, BcN, USN	Wi-Fi, 이동통신망 (3G, 4G)
학습 장소	학습 장비가 구비된 장소	어디든지	어디든지	어디든지
학습 자료	텍스트, 소리, 동영상 등	텍스트, 소리, 동영상 등	웹 상의 모든 자료	웹 상의 모든 자료

② 스마트러닝의 개념

스마트러닝은 "학습들의 다양한 학습 형태와 능력을 고려하고 학습자의 사고력과 소통능력, 문제해결능력 등의 개발을 높이며 협력학습과 개별학습을 위한 기회를 창출하여 학습을 보다 즐겁게 만드는 학습으로서, 장치보다 사람과 콘

텐츠에 기반을 둔 발전된 ICT 기반의 효과적인 학습자 중심의 지능형 맞춤학습"
으로 정의된다(곽덕훈, 2010). 이러한 스마트러닝은 언제 어디서나 네트워크를 통
한 정보탐색과 상호작용 그리고 실시간 교육을 가능하게 한다. 또한 학습자 스스
로 필요한 지식과 정보를 검색하고 해결책을 찾을 수 있는 자원을 제공한다. 스마
트러닝은 정보 수집, 저장 및 활용 등의 과정을 통해, 학습자가 자기 주도적으로
학습목표를 성취할 수 있도록 돕는다. 최근에는 소셜 네트워크 서비스(SNS)의 활
용으로 소통, 협력, 참여, 개방, 공유를 통한 쌍방향적이며, 지능적인 교육방식으
로의 전환이 이루어지고 있다(고은이, 2012). 또한 다양한 학습 도구와 시스템의
활용, 맞춤형 교수설계를 수업에 도입함으로써 학습자의 참여와 흥미 증진, 창의
력과 문제해결력 향상 등에도 효과가 있을 것으로 기대된다.

③ 스마트러닝의 특징

교사 중심에서 학습자 중심으로의 변화를 가져오기 위해 지금까지 다양한 학
습 방법이 시도되어 왔다. 인터넷 강의나 사이버 학습을 위한 도구들을 개발하여
학습자 중심의 자기주도적 학습 환경을 제공하였으나 학습의 효과를 극대화하기
에는 미흡했다. 스마트러닝은 이러한 문제점을 보완해 줄 수 있는 대안적인 학습
방식으로, 다양한 학습 기기와 콘텐츠를 제공하여 학습자의 학습 욕구와 동기를
높이고 학습 효과를 극대화할 수 있을 것으로 기대되고 있다. 스마트러닝의 대표
적인 특징은 다음과 같다(임희석, 2012b).

• 자기주도학습

자기주도학습은 학습자 스스로 학습 목표를 세우고, 계획 및 수행을 위한 도구
선택과 평가에 학습자 스스로가 참여하는 방식이다. 학습자 수준별 학습과 학생
중심의 문제해결학습이 가능하기 때문에 디지털 세대의 학생들에게 잘 맞는 학
습 방식이다. 그러나 자기주도적 학습이 이루어지기 위해서는 학습자가 관심을
갖고 선호하는 학습 활동이 제공되어 긍정적인 학습 동기를 이끌어내야 한다. 단
순한 지식습득 보다는 지식을 탐구하는 방식의 교육을 제공하여 학습자가 수많

은 양의 정보 가운데 자신이 원하는 정보를 선택하여 지식을 탐구하고 습득할 수
있도록 해야 한다.

• 참여학습

참여학습이란 학습자 스스로 문제를 찾고 해결할 수 있도록 경험을 제공하는
학습 방식이다. 참여학습이 이루어지기 위해서는 전통적인 방식의 교수자 중심
에서 학습자의 참여 공간을 확보하여 학습자 중심의 학습이 이루어질 수 있도록
그 방식이 변화되어야 한다. 교사는 정보를 전달하는 자가 아니라 학습자 스스로
능동적인 학습을 할 수 있도록 안내하고 촉진하는 역할을 해야 한다. 구체적인 예
로, 클릭커(clicker)를 활용하여 학습자와의 실시간 상호작용을 이끄는 학습 방식
이 있다. 이 방식은 교수자가 수업 도중 선택형 퀴즈를 출제한 후 학생이 정답에
클릭커 버튼을 누르면, 곧이어 교수자의 컴퓨터에 학생들의 반응이 전송되고 기
록되는 것이다. 따라서 학생들의 이해도 파악과 피드백 제공에 도움이 되는 시스
템이다.

• 협력학습

구성주의 입장에서 학습자는 동료 학습자와 함께 공동 작업을 할 때에 지식과
기술을 더 많이 습득하고, 학습 또한 효과적으로 이루어진다고 본다. 스마트러닝
은 교실에서뿐만 아니라 사이버라는 온라인으로 연결된 공간에서 학습자와 교수
자, 학습자와 학습자 간의 협력적 학습이 광범위하게 이루어지도록 돕는다. 또한
서로 다른 공간의 교수자와 학습자 간의 협력학습이 가능하게 한다. 이는 교육수
준의 격차를 줄이고 비용의 절감을 가져오는 효과가 있을 뿐만 아니라 상호작용
이 가능한 학습 방식을 제공하여 학습자의 참여와 몰입을 강화한다.

협력학습의 원리는 공동의 목표 설정, 적절한 목표의 규모, 개방적인 태도이
다. 이러한 원리를 수용하여 교수자의 역할을 강화시키고 학습자의 협력과 참여
를 높이게 되면 학습자의 학습 동기가 강화될 수 있다. 이러한 학습 동기 부여를
가능하게 하는 기기인 아이패드나 스마트폰은 학습 내용의 검색, 다양한 어플리

케이션의 활용 또는 전자칠판과 무선 인터넷 활용의 방식으로 학습자 중심의 학습 환경을 제공한다.

• 개인별 맞춤학습

개인별 맞춤학습은 학습자의 학습 방법과 수준에 맞게 학습자의 진도와 데이터 관리를 통해 효율적인 학습이 이루어지도록 하는 학습 형태이다. 컴퓨터에서 자동 처리되는 교수학습 방식을 통해 학습자의 개별 학습 수준 및 방법을 고려할 수 있다. 이를 위해 적당한 수의 학습자 구성, 정확한 학습 수준과 학습 방법 제시, 데이터에 대한 높은 접근성과 원하는 때에 언제든지 학습이 가능할 수 있도록 환경이 제공되어야 한다.

• 상호작용적 학습

상호작용적 학습은 두 사람 이상이 함께 지식 및 정보를 교환·획득하는 학습 방식이다. 상호작용적 학습을 위해 교수자와 학습자의 동기가 부여되어야 하며 자연스럽게 커뮤니케이션이 발생할 수 있어야 한다. 즉, 학습자와 교수자 간의 커뮤니케이션이 발생하는 과정에서 학습이 발생하므로 일대일 또는 일대다의 커뮤니케이션과 상호작용이 가능한 소셜 네트워크를 사용하는 것이 효과적이다. 수업 외에서도 상호작용이 지속될 수 있어서 학습 활동의 연장이 가능하고 그 결과, 학습자의 정서적·상호적·결속적 반응에 긍정적인 효과가 있다.

• 상황학습

상황학습은 학습자 자신의 경험을 바탕으로 지식과 의미를 구성하는 방식이다. 특히 학습자의 실제 삶과 밀접한 관계가 있고 인간 활동의 맥락에서 학습이 발생하도록 하기 위해 학습을 통해 실생활에 적용하도록 한다. 실제 상황을 제공하여 직접 경험할 수 있는 실험적 환경에서 학습할 수 있도록 스마트러닝 학습 환경을 제공하는 것이다. 예를 들어, 영어마을은 직접 경험하기 어려운 상황을 가상의 세계에서 경험하도록 학습 환경을 제공한다. 또한 온라인 시뮬레이션인 미국

제10장 교육방법 및 교육공학의 변화

의 세컨드 라이프(Second Life)는 온라인상의 게임에서 실제로 수업을 듣거나 토론을 하고, 사람들과 모임 및 드라이브도 할 수 있는 환경을 제공한다.

이상의 내용을 종합하여 스마트러닝의 특징을 간략하게 정리하면 다음과 같다(고은이, 2012).

① 스마트폰, 스마트 TV, 스마트패드 등과 같은 기기를 활용하여 다양한 스마트 인프라를 구축하고 내장센서와 어플리케이션을 통해 학습한다. 이러한 새로운 학습 방식은 교육을 적시적소에 활용할 수 있는 이동성, 휴대성, 즉시성을 제공하여 학습 목표를 효율적으로 달성하게 한다.

② 클라우드 컴퓨팅과 SNS와 같은 소셜 네트워크 서비스는 정보의 개방과 공유를 통해 학습자와 교수자 간, 학습자와 학습자 간, 교수자와 교수자 간의 쌍방향 상호작용을 촉진한다.

③ 학습자 스스로 학습 목표를 세우고, 개인의 능력에 따라 학습 속도를 조절하며, 필요에 따라 콘텐츠를 검색, 저장, 활용 및 재가공하는 창의적인 방법으로 학습한다.

④ 블랜디드러닝 학습 환경에서 자신의 수준, 능력, 선수학습의 정도 및 학습 양식에 따라 능동적으로 학습하도록 다양한 매체를 활용한다.

(2) 플립트러닝

플립트러닝(Flipped Learning)은 2007년 미국의 고등학교에서 시작되어(Bergman & Sam, 2013), 현재 미국에서 주목받고 있는 교육모형으로, 특히 학습부진아들의 학습 동기와 학습 태도, 학습 능력에 변화를 주었다는 긍정적인 평가를 받고 있다(Milman, 2012).

교수학습 과정의 절차를 뒤바꾸었다는 점이 플립트러닝의 핵심 아이디어이다. 전통적인 강의식 수업에서는 교사 주도의 설명이 교실에서 진행되고, 전달된 내용을 확인하기 위해서 학습자에게 과제가 주어진다. 전통적인 수업에 있어서 학습자는 교사가 내준 과제를 집에 가서 해결해 와야 하는데, 학습 능력이 부족한 학생의 경우 강의식 수업의 학습 내용을 이해하지 못하거나 그 학습 내용을 적용해야 하는 과제를 집에서 혼자 해결하는 데 어려움이 따를 수 있다.

이런 문제점을 해결하기 위해 플립트러닝은 학생들에게 수업에서 다루어야 할 핵심 아이디어와 과제를 먼저 다양한 방법으로 제시한다. 교사가 스스로 동영상을 제작할 수도 있고, 인터넷상에 올려져 있는 공개된 강의 자료를 활용할 수도 있다. 혹은 사진이나 인쇄된 종이에 학습해야 할 내용을 제시할 수도 있다.

예습 과제를 미리 한 학생들은 자신의 이해 정도에 따라 교실 수업에서 자신의 학습 속도에 따라 학습을 하게 된다. 이때 교사는 전통적인 교실에서의 강의자가 아닌 조력자, 협력자, 전문가, 상담가 등의 역할을 하게 된다. 버그먼(Bergman)과 샘(Sam)은 전통적인 수업과 플립트러닝이 이루어지는 교실의 수업을 〈표 10-6〉과 같이 비교하였다.

전통적인 수업에 비해서 플립트러닝 수업은 학습자의 개별 학습과 실험 시간이 상대적으로 길다. 이 시간 동안 학습자는 자신의 학습 속도에 맞게 학습을 하게 되는 것이다.

풀턴(Fulton, 2012)은 플립트러닝을 해야 하는 이유에 대해서 다음과 같이 제시한다.

① 학생들은 각자의 학습 속도에 따라 학습할 수 있다.
② 교실 안에서 '숙제'를 하게 하는 것은 교사가 학생들이 무엇을 어려워하는지 그리고 학생 개개인의 학습 스타일을 파악하는 데 도움이 된다.
③ 교사는 학습자들의 반응에 따라 교육과정을 수정할 수 있고, 그것을 바로 적용할 수 있다.
④ 학생들은 교사가 갖고 있는 다양한 전문적인 지식에 보다 더 접근할 수 있다.
⑤ 교사는 다른 교사들이 사용하는 플립트러닝의 동영상 자료를 보고 자신의 수업에 적용하거나 개발을 더 잘할 수 있다.
⑥ 교실에서의 시간이 보다 더 효과적으로 사용되거나 창의적으로 활용될 수

❖ 표 10-6 ❖ 전통적인 수업과 플립트러닝 수업의 수업시간 비교

전통적인 수업		플립트러닝 수업	
활동	시간	활동	시간
준비단계	5분	준비단계	5분
학습자가 전날 해 온 과제 검토	20분	동영상 강의와 관련된 질의 응답	10분
새 학습 내용에 대한 강의	30~45분	안내학습과 개별학습 혹은 실험	75분
안내학습과 개별학습 혹은 실험	20~35분		

있다.

⑦ 학부모를 수업에 참여하도록 이끌 수 있다.

⑧ 학생들의 학업성취를 높일 수 있다.

⑨ 플립트러닝은 학습 이론에 근거하는 새로운 접근방법이다.

⑩ 테크놀로지를 교육에 활용하는 것은 학습에 있어서 유용함을 제공한다.

플립트러닝의 교육적 효과에 대해서 여러 연구가 진행되고 있다. 여러 연구 결과를 종합하여 플립트러닝의 특징을 정리하면 다음과 같다.

① 플립트러닝은 수업진행의 순서를 바꾼 것이다.

② 플립트러닝에서 학습자는 교실에 들어오기 전에 학습 내용을 미리 전달 받아 선행학습을 하고 교실에 들어온다.

③ 교실에서는 선행학습이 이루어졌는지를 확인한 후, 이를 기초로 개별학습, 모둠학습, 협력학습, 토론학습, 탐구학습, 보충학습, 심화학습 등을 학습자들의 학습 속도에 맞게 진행한다.

④ 플립트러닝에서 교사는 조언가, 상담가, 협력자 등의 다양한 역할을 하게 된다.

(3) 대중공재 온라인 수업(MOOC)

MOOC(Massive Open Online Course)는 대중공개 온라인 수업으로, 웹 서비스를 기반으로 사용자 간의 상호 참여와 교류하는 광대한 규모의 플랫폼 서비스를 말한다. 학습 참여의 제한이 없어 온라인상에서 누구나 등록이 가능하고, 원칙적으로 무료로 수업이 제공된다. 인터넷 기반의 학습 시스템을 통해 동영상 강의가 제공되고, 동영상 강의가 진행되는 동안 퀴즈와 토론 등이 진행되어 학습자들의 학습 이력과 학습 참여 정도가 기록되는 한 단계 진화된 온라인 교육체제이다.

대중공개 온라인 수업은 OER(Open Educational Resources)과 OCW(Open Course Ware)에 근거를 둔다. 초기 대중공개 온라인 수업은 대부분 무형식의 온라인 토론 게시판으로 이루어졌다. 학습자 중심의 UX(User Experience) 및 교수학습 방식을 갖춘 대중공개 온라인 수업은 2011년을 전후로 하여 '유다시티(Udacity)' '칸아카데미(Khan Academy)' 등이 등장하면서 가능해졌다.

2011년 스탠퍼드 대학교의 3개 온라인 강좌 무료 공개가 성공을 거두면서 유다시티(Udacity)와 코세라(Coursera)를 설립하게 되었고, 2012년 3월 MIT와 하버드 대학교는 에덱스(edX)를 공동 설립하여 MITx와 하버드의 6.002x 강좌 서비스를 시작하게 되었다.

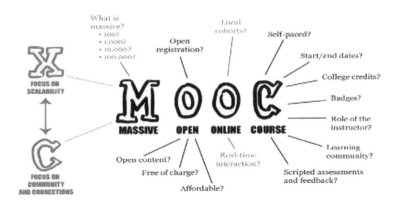

❖ 그림 10-9 ❖ MOOC의 개념도

출처: 위키피디아.

MOOC 플랫폼 서비스로는 미국의 코세라, 에덱스, 영국의 퓨처런, 독일의 이베르시티, 호주의 오픈투 스터디 등이 있으며, 이 외에도 새로운 MOOC 플랫폼들이 계속적으로 등장하여 현재는 MOOC의 춘추전국시대를 이루고 있다.

MOOC의 장점을 정리하면 다음과 같다.

첫째, 다수 대학의 컨소시엄으로 운영이 가능하므로 여러 대학에서 제공하는 양질의 강의와 우수 교수의 강의를 무료 혹은 저렴한 비용으로 수강할 수 있다.

둘째, 고도화된 LMS 시스템의 도입으로 정규 원격대학 강의 수준의 학습 관리가 가능하고, 학점 인정 및 수료가 가능하다.

셋째, MOOC 수강생은 제한이 없으므로 평생학습사회의 구현이 가능하고, 대학 단위의 수강이 아닌 강좌 단위의 수강을 할 수 있어서 수요자 중심의 교육을 실현할 수 있다.

넷째, 테크놀로지의 발달로 MOOC의 고도화된 기술 발달 수준을 기대할 수 있고, 새롭게 변화된 교육환경을 경험할 수 있다.

다섯째, MOOC 강좌는 모든 대중에게 공개되므로 자연스럽게 강좌에 대한 선호도 및 평가가 이루어지고, 오프라인으로 진행되는 유사 강좌의 질적 향상에도 기여할 수 있다.

국내에 잘 알려진 MOOC 플랫폼을 소개하면 다음과 같다.

① 에덱스: 에덱스(edX)는 미국 하버드 대학교와 MIT 대학교가 공동 설립한 비영리 기관으로 전 세계 대학이 협약하여 공개 수업 콘텐츠를 제공하고 있다. 2012년에는 북미 대학 위주로 참여를 시작하다가 2013년 초기에는 한국, 중국, 일본 등 아시아권 대학과 영국, 독일 등 유럽 대학으로 확대되고 있다. 국내에서는 서울대학교가 2014년에 4개 강좌를 에덱스 플랫폼에 공개하였다.

② 코세라: 코세라(Coursera)는 미국 스탠퍼드 대학교 컴퓨터 과학 교수 2명이 설립한 영리기관으로 전 세계 최다의 협약기관을 갖고 있다. 에덱스 플랫폼과는 달리 영리 위주의 사업을 진행하고 있으며, 저작권 판매, 개별 대학의

MOOC 플랫폼 임대 등의 사업을 시도하면서 사업 모델을 구축 중이다. 한국에서 코세라에 가입한 대학은 연세대학교와 KAIST가 있다.

③ 퓨처런: 퓨처런(Future Learn)은 영국의 방송통신대학인 개방대학(Open University)이 설립한 영국의 플랫폼이다. 에덱스와 코세라가 2012년에 설립된 것에 비해 퓨처런은 2013년 9월에 서비스를 시작하였기 때문에 상대적으로 가입기관이 적다. 퓨처런은 영국의 27개 기관과 협력체제를 구축하고 있는데, 영국문화원, 영국 국립도서관, 대영박물관 등이 포함되어 있어 에덱스나 코세라와 차별성이 있다. 퓨처런은 영국과 호주를 중심으로 운영되고 있는데, 한국에서는 연세대학교와 이화여자대학교, 한양대학교, 성균관대학교 등이 퓨처런과 협약되어 있다.

MOOC 강좌의 특징을 정리해 보면 다음과 같다.

첫째, 강좌가 분절적으로 이루어져 있으며, 강좌의 특성을 반영하여 유연하게 운영한다. 대학의 정규 강의가 50분 단위의 16주차를 1학점으로 산정하는 것에 비하여 MOOC 강좌는 20분 이하의 동영상 강의가 6~10개 코스로 제공되어 오프라인에서 진행되는 강의보다는 그 분량이 현저하게 적다. 둘째, OCW에 비해서 고도의 성능을 갖춘 학습 관리 시스템으로 운영된다. 기존의 OCW가 분절적으로 제공되는 강의를 일방향으로 수용하는 시스템이라면, MOOC의 강의는 수강 도중, 퀴즈, 질문, 토론 등에 참여하여 그 결과를 학습 성과 기록으로 보유하고 있다. 셋째, MOOC 강의는 온라인 혹은 오프라인 학습 커뮤니티 형성을 권장하고 있으며, 실제적으로 학습 커뮤니티를 운영하여 그것의 결과를 학습 성과에 반영하고 있다. 넷째, MOOC 강좌는 일정 수준의 학습 성과를 요구하고 있고, 그 수준을 넘어설 경우 이수증을 발급받을 수 있으며, MOOC 강좌의 이수증을 인정하는 기관에서 학점 교류 및 인증이 가능하다.

한국교육학술정보원(2013)에서 제시하는 MOOC의 전망은 다음과 같다. 첫째, MOOC와 ICT, OCW는 서로 유기적으로 상호 보완적 관계를 형성하게 될 것이고, 미래 교육환경 변화의 한 축으로 자리하게 될 것이다. 둘째, ICT의 발달은 교육매

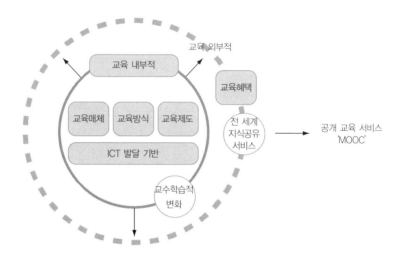

❖ 그림 10-10 ❖ 고등교육시장의 환경 변화

출처: 한국교육학술정보원(2013).

체, 교육방식, 교육제도의 변화를 촉진하고 있고, 이를 통하여 대학 내부적으로는 교수학습 체제의 변화를 주도하고 있다. 셋째, 평생학습사회를 추구하는 현재의 시점에서 대학의 이러한 변화는 평생교육, 평생학습의 사회를 이끄는 데 중요한 시발점이 될 것으로 보이며, 앞으로 더욱 발전하게 될 것이다.

참고문헌

강길호, 김현주 (1995). 커뮤니케이션과 인간. 서울: 한나래.

강명희, 한연선(2000). 자원기반 학습 환경에서 탐구훈련모형의 활용이 탐구능력과 과
　　제수행능력에 미치는 영향. 교육공학연구, 16(2), 3-18.

강이철(2009). 교육방법 및 공학의 이론과 적용. 서울: 학지사.

강인애(1995). 인지적 구성주의와 사회적 구성주의에 대한 간략한 고찰. 교육공학연구,
　　11(2), 45-67.

강인애(1997). 구성주의 학습 원리와 적용. 교육공학연구, 11(1), 25-45.

강인애(2003). 우리시대의 구성주의. 서울: 문음사.

강인애, 정준환, 서봉현, 정득년(2011). 프로젝트 학습: 자기주도 학습을 키워 주는 핵심 수업
　　방식. 상상채널.

강인애, 정준환, 정득년(2007). PBL의 실천적 이해. 서울: 문음사.

고은이(2012). 스마트러닝 환경에서 교육용 콘텐츠의 활성화 방안에 관한 연구. 이화여
　　자대학교 대학원 석사학위논문.

고재희(2008). 통합적 접근의 교육방법 및 교육공학. 경기: 교육과학사.

곽덕훈(2010). 2020 유비쿼터스 학습국가 체제 구축 비전 및 전략에 관한 연구(연구보
　　고 2010). 서울: 미래기획위원회.

교육공학용어사전 편찬위원회(2005). 교육공학 용어사전. 고려대학교 민족문화연구원 국어연구소(감수). 서울: 교육과학사.

교육부(2000). 교과서백서.

권성호(2006). 교육공학의 탐구. 서울: 양서원.

김미정(2001). 액션러닝 프로세스. 산업교육연구, 9, 46-49.

김순택 외(1981). 현대수업원론. 경기: 교육과학사.

김신자, 이인숙, 양영선(1999). 교육공학의 이론과 실제. 서울: 문음사.

김영환, 이상수, 정희태, 박수홍(2003). 원격교육의 이론과 실제. 서울: 학지사.

김용철(2009). 하워드 가드너의 다중지능 이론에 기초한 기독교교육 모형 연구. 연세대학교 교육대학원 석사학위논문.

김우룡, 장소원(2014). 비언어 커뮤니케이션론. 파주: 나남출판.

김정랑, 김대연, 김은하, 김황, 박수철, 이용제, 최창훈, 한국인(2013). 스마트교육 아날로그 교사의 스마트필통. 서울: 교육과학사.

김정환, 강선보(2005). 교육학개론(개정판). 서울: 박영사.

김종석(1998). 교육방법 및 교육공학. 서울: 형설출판사.

김주희(2011). 다중지능이론을 적용한 3부 합창곡 〈핀란디아〉지도방안 연구: 고등학교 1학년을 중심으로. 연세대학교 교육대학원 석사학위논문.

김지일, 장상필(2006). 초등학교 미디어센터를 활용한 지원기반 모형 개발 연구. 초등교육연구, 19(1), 129-152.

김진희(2010). The 2010 21st-Century Campus Report: Campus 2.0 요약 및 이슈 분석. 2010 대학정보화 최신 동향 분석 자료집(연구자료 RM 2010-7). 서울: 한국교육학술정보원.

김태영, 조용상, 최현종, 고범석(2005). 미래교육 시나리오에 기반한 e-러닝 표준화 로드맵 v2 연구.

김혜숙, 이상현(1998). 실기교육방법론-실기교육의 이론과 실제-. 서울: 교육과학사.

나일주(2007). 교육공학관련 이론. 서울: 교육과학사.

노규성(2011). 스마트러닝의 개념 및 구현 조건에 관한 탐색적 연구(연구보고 RM 2010-7). 서울: 디지털 정책학회.

노혜란, 박선희, 최미나(2013). 교육방법 및 교육공학. 서울: 교육과학사.

박성익(1997). 교수, 학습 방법의 이론과 실제(Ⅰ). 서울: 교육과학사.

박성익, 왕경수, 임철일, 박인우, 이재경, 김미량, 임정훈, 정현미(2001). 교육공학 탐구의 새 지평. 서울: 교육과학사.

박성익, 임철일, 이재경, 최정임(2007). 교육방법의 교육공학적 이해(제3판). 서울: 교육과학사.

박성익, 임철일, 이재경, 최정임(2011). 교육방법의 교육공학적 이해(4판). 경기: 교육과학사.

박수홍, 안영식, 정주영(2005). 핵심역량강화를 위한 체계적 액션러닝 프로그램 개발. 교육정보미디어연구, 11(4), 95-124.

박수홍, 안영식, 정주영(2010). 조직 및 지역의 창조적 변화를 이끄는 체계적 액션러닝. 서울: 학지사.

박수홍, 정주영(2014). 술술 풀리는 PBL과 액션러닝(2판). 서울: 학지사.

박숙희, 염명숙(2007). 교수-학습과 교육공학. 서울: 학지사.

박숙희, 염명숙(2013). 교수-학습과 교육공학(3판). 서울: 학지사.

박영주(1988). 교수학습과정론. 서울: 재동문화사.

박은숙(2012). 스마트 교육 연구보고서(한동교육개발센터 보고서 2012-7). 한동대학교 한동교육개발센터.

박은숙(2012). PBL에 대한 기독교적 관점과 YouTube를 활용한 대학수업에서의 PBL적용. 기독교교육정보, 35, 115-139.

박인우(1996). 효율적 집단 상담 프로그램 개발을 위한 체제적 모형. 지도상담, 20, 19-40. 대구: 계명대학교 학생생활연구소.

박인우(2010). 고등교육 공개 교수학습자료와 정규교육 연계 방안 연구(연구보고 CR 2010-12). 한국교육학술정보원.

박종선(1998). 네트웍기반의 교수-학습을 위한 가상학습지원시스템 플랫폼 설계, 교육공학연구, 14(1), 71-96.

박종선(2008). Web 2.0 시대에서의 대학 이러닝 동향. 2008 대학정보화 최신 동향 분석 자료집(연구자료 RM 2010-7). 서울: 한국교육학술정보원.

배희은(2012). 스마트러닝을 위한 LMS 탐색. 경희대학교 대학원 박사학위논문.

백영균(1999). 웹기반학습의 설계. 서울: 양서원.

백영균, 박주성, 한승록, 김정겸, 최명숙, 변호승, 박정환, 강신천, 김보경(2010). 유비쿼터스 시대의 교육방법 및 교육공학. 서울: 학지사.

변영계(1999). 교수학습 이론의 이해. 서울: 학지사.

변영계, 김광휘(1999). 협동학습의 이론과 실제. 서울: 학지사.

변영계, 김영환, 손미(2007). 교육방법 및 교육공학(3판). 서울: 학지사.

손미(1999). 자원기반학습을 통한 자기주도학습 및 정보활용능력 신장. 초등교육연구,

13(1), 213-234.

신재한(2011). 교육방법 및 공학. 서울: 태영출판사.

유구종, 강병재(2007). 교육방법 및 공학. 서울: 창지사.

유영만(1994). 학습체제로서의 조직, 학습 조직에 대한 시론적 논의. 교수공학연구, 3(1), 170-172.

유정아(2010). 교수방법, 교수매체, 교수능력개발에 대한 중고등학교 교원의 인식분석. 한국교원교육연구, 27(2), 179-203.

윤광보, 김용욱, 최병옥(2011). 교육방법과 교육공학의 이해. 서울: 양서원.

윤운성(2001). 교육심리적 이해. 서울: 양서원.

이미자, 이성흠, 이준(2011). 교육방법 및 교육공학. 서울: 아카데미 프레스.

이성은, 오은순, 성기옥(2002). 초중등교실을 위한 새 교수법. 서울: 교육과학사.

이성호(1999). 개정 교수방법의 탐구. 서울: 양서원.

이성흠, 이준(2009). 교육방법 및 교육공학. 경기: 교육과학사.

이영근(2012). 스마트 러닝 환경 기반 디지털 콘텐츠 개발 연구. 고려대학교 대학원 석사학위논문.

이용환(2001). 교육방법·교육공학. 서울: 재동문화사.

이인숙(2004). 유비쿼터스학습으로의 패러다임 이동. 서울: 커뮤니케이션북스.

이지연(2008). 예비교사를 위한 실제적 교육방법 및 교육공학. 경기: 서현사.

임재현(2010). 고등교육 모바일 플랫폼 동향. 2010 대학정보화 최신동향 분석자료집(연구자료 RM 2010-7). 서울: 한국교육학술정보원.

임철일(1994). 개념적 이해를 위한 수업설계이론의 형성적 연구. 교육공학연구, 10(1), 45-64.

임철일(2012). 교수설계 이론과 모형. 서울: 교육과학사.

임희석(2012a). 스마트 교육을 위한 협력학습지원 시스템 설계. 고려대학교 대학원 석사학위논문.

임희석(2012b). 스마트하게 가르쳐라! 스마트 교육. 서울: 휴먼사이언스.

장경원(2005). 온라인 問題基盤學習設計模型開發研究. 서울대학교 대학원 박사학위논문.

장선영, 이명규(2012). 웹기반 프로젝트중심학습 환경에서 과제해결능력을 촉진시키는 스캐폴딩 설계모형 개발 연구. 교육공학연구, 28(2), 371-408.

정민(2014). Flipped Classroom 학습이 초등학생의 수학과 학업성취도와 태도에 미치는 영향. 한국교원대학교 대학원 석사학위논문.

정인성(1996). 비디오 컨퍼런싱. 서울: 박영률 출판사.

정주영, 홍광표, 이정아(2012). 술술 풀리는 PBL과 액션러닝. 서울: 학지사.

박수홍, 정주영(2014). 술술 풀리는 PBL과 액션러닝(2판). 서울: 학지사.

조규락, 김선연(2006). 교육방법 및 교육공학. 서울: 학지사.

조미헌(1999). 인터넷을 활용한 프로젝트중심학습방법(NetPBL)의 활용 유형과 절차. 교육공학연구, 3(18).

조연순(2006). 문제중심학습의 이론과 실제. 서울: 학지사.

최동근, 양용칠, 박인우(1999). 교육방법의 교육공학적 접근. 서울: 교육과학사.

하원규, 김동환, 최남희(2003). 유비쿼터스 IT혁명과 제3공간. 서울: 전자신문사.

하인호(2000). 새 천년의 지식사회 구축을 위한 교육의 방향. 경기교육.

한국교육공학회(1994). 교육학 용어사전. 서울: 교육과학사.

한국교육공학회(2005). 교육공학 용어사전. 서울: 교육과학사.

한국교육신문(2006. 5. 15.). "e-러닝을 넘어서: 유비쿼터스 환경으로."

한국교육심리학회(2000). 교육심리학 용어사전. 서울: 학지사.

한국교육학술정보원(2013). KOCW 서비스 확대방안 연구(연구보고 RR2013-3).

한국전산원(2005). 해외 유비쿼터스 추진현황 조사·분석(NCA I-RER-05001). 서울: 한국전산원.

한상용, 김경숙(2003). 모바일 컴퓨팅 환경의 교육적 활용방안 연구. 한국교육학술정보원 연구보고서(KR-2003-2).

한정선, 김영수, 주영주, 강명희, 정재삼, 박성희(2008a). 교육방법 및 교육공학. 서울: 교육과학사.

한정선, 김영수, 주영주, 강명희, 정재삼, 박성희(2008b). 미래사회를 위한 교육방법 및 교육공학. 서울: 교육과학사.

한정선, 김영수, 주영주, 강명희, 조일현, 이정민(2012). 21세기 교사를 위한 교육방법 및 교육공학. 서울: 교육과학사.

홍기칠(2012). 교육방법 및 교육공학. 서울: 공동체.

Adderley, K., Ashwin, C., Bradbury, P., Freeman, D., Goodlad, S., Greene, J., Jenkins, D., Rae, J., & Uren, O. (1975). *Project methods in higher education.* London: Society for Research into Higher Education.

AECT Definition and Terminology Committee. (2004). The meanings of educational technology. http://www.indiana.edu/~molpage/publications.html.

Aronson, E., Blaney, N., Stephen, C., Sikes, J., & Snapp, M. (1978). *The jigsaw classroom*. Beverly Hills, CA: Sage.

Aspy, D. N., Aspy, C. B., & Quinby, P. M. (1993). What doctors can teach teachers about problem-based learning. *Educational leadership, 50*(7), 22-24.

Association for Educational Communication & Technology(AECT). (1977). *The Definition of Educational Technology*. Washington, DC: AECT.

Ausubel, D. P. (1968). *Educational psychology: A cognitive view*. NY: Holt, Rinehart and Winston.

Barrow, H. S., & Tamblyn, R. M. (1980). *Problem-Based learning: An approach to Medical Education*. New York: Springer.

Barrows, H. S. (1994). *Practice-based learning: Problem-based learning applied to medical education*. Springfield, IL: Southern Illinois University School of Medicine.

Barrows, H. S. (1996). Problem-based learning in Medicine and Beyond: A Brief Overview. In L. Wilkerson & W. Gijselaers (Eds.), *Bringing Problem-Based Higher Education: Theory and Practice: New directions for Teaching and Learning, 8*(5-6). San Fransisco: Jossey-Bass.

Barrows, H. S., & Myers, A. (1994). *Problem based Learning in secondary schools*. Unpublished monograph. Springfield, IL: Problem Based Learning Institude, Lanphier School, and Southern Illinois University Medical School.

Bates, T. (1993). Theory and practice in the use of technology in distance education, In D. KEEGAN (Ed.), *Theoretical Principles of Distance Education*. NY: Routledge.

Bedner, A. K., Cunningham, D., Duffy, T. M., & Perry, J. D. (1991). Theory into practice: How do we think? In G. J. Anglin (Ed.), *Instructional technology: Past, present, and future* (pp. 88-101). Englewood, CO: Libraries Unlimited.

Bergman, J., & Sams, A. (2013). 임진혁, 이선경, 황윤미 역. 당신의 수업을 뒤집어라. 시공미디어.

Berlo, D. K. (1960). *The Process of Communication: A Introduction on to Theory and Practice*. NY: Holt. Reinhart & Winston. Co.

Bickford, N. L. (1989). The systematic application of motivation to the design of printed instructional materials. Unpublished doctoral dissertation. Florida State

University.

Blumenfeld, P. C., Soloway, E., Marx, R. W., Krajcik, J. S., Guzdial, M., & Palincsar, A. (1991). Motivating project-based learning: Sustaining the doing, supporting, the learning. *Educational Psychologist, 26*, 369–398.

Borich, G. D. (2004). *Observation Skills for Effective Teaching* (6th ed.) (Paperback). 설양환 역(2005). 효과적인 수업 관찰. 서울: 아카데미프레스.

Bower, G. H., & Hilgard, E. R. (1981). *Theories of learning* (5th ed.). Englewood Cliffs, NJ: Prentice Hall.

Bruner, J. S. (1966). *Toward a Theory of Instruction.* NY: W. W. Norton.

Burgoon, M., & Ruffner, M. (1978). *Human Communication.* New York: Holt, Rinehart & Winston.

Bull, G., Ferster, B., & Kjellstorm, W. (2012). Inventing the flipped classroom. *Learning and Leading with Technology, 40*(1), 10–11.

CIT. (1970). *To improve learning: A report to the president and the congress of the united states.* Commission on Instructional Technology, Government Printing Office.

Corey, S. M. (1971). The nature of instruction, In M. D. Merrill (Ed.), *Instruction design: readings.* Englewood Cliffs, NY: Prentice-Hall.

Corno, L., & Mandinach, E. B. (1983). The role of cognitive engagement in classroom in classroom learning and motivation. *Educational Psychologist, 18*(2), 88–108.

Curtis, R. V., & Reigeluth, C. M. (1984). The Use of Analogies in written text. *Instructional Science, 13*, 99–117.

Dale, E. (1969). *Audiovisual Methods in Teaching* (3rd ed.). NY: Holt, Reinhart and Winson.

Dick, W., Carey, L., & Carey, J. (2001). *The systematic design of instruction* (5th ed.). NY: London.

Dick, W., Carey, L., & Carey, J. (2005). *The systematic design of instruction* (6th ed.). NY: Allyn and Bacon.

Driscoll, M. (2005). *Psychology of learning for instruction* (3rd ed.). Boston, MA: Allyn and Bacon. 양용칠 역(2007). 수업설계를 위한 학습심리학(제3판). 서울: 교육 과학사.

Driscoll, M. P. (1994). *Psychology of learning for instruction.* Boston: Allyn & Bacon.

Duffy, T. M., & Jonassen, D. H. (1991). Constructivism: New implications for instructional technology? *Educational Technology, 31*(5), 7-12.

Duffy, T. M., & Jonassen, D. H. (Eds.). (1992). *Constructivism and the technology of instruction: A conversation.* Hillsdale, NJ: Lawrence Erlbaum.

Duffy, T. M., & Lowyck, J., & Jonassen, D. H. (1993). *Designing Environments for Constructive Learning.* Springer-Verlag Berlin Heidelberg.

Eisenberg, M. B., & Berkowitz, R. E. (1990). *Information problem-solving: The big six skills approach to library and information skills instruction.* Norwood, NJ: Ablex.

Evans (2002). Seasick on the Third Wave? Subverting the Hegemony of Propositionalism. *Social Studies of Science, 33*(3), 410-417.

Evensen, D. H., & Hmelo, C. E. (2000). *Problem-based learning: A research perspective on learning interactions.* Mahwah, NJ: Lawrence erlbaum associates.

Feldman, M. P., & Audretsch, D. B. (1996). Innovation in cities: Science-based diversity, specialization and localized competition. *European Economic Review, 43*, 409-429.

Finkle, S. L., & Torp, L. L. (1995). *Introductory Documents.* Illinois Math and Science Academy. Aurora, Illinois.

Flagg, B. N. (1990). *Collaboration of Researchers and Designers Producing a Science Museum Videodisc.* (ERIC Document Reproduction Service ED 323910)

Flumerfelt, S., & Green, G. (2013). Using lean in the flipped classroom for at risk student. *Educational Technology & Society, 16*(1), 356-366.

Fogarty, R. (1997). *Problem-based learning & other currilum models for the multiple intelligences classroom.* Arlington heights. IL: IRI SkyLight.[online]. Available: Retrieved July 18, 2009. from http://www.samford.edu/pbl/res_monographs.html.

Foroohar, R. (2001. 5. 13.). *The e-learning boom.* Newsweek, http://www.newsweek.com/e-learning-boom-153103

Fosnot, C. T. (1996). *Constructivism: Theory, Perspectives, and Practice.* NY: Teachers College Press.

Fraser, C. D. (1984). Resource-Based Learning. Memorandom No. 64. Eric Document Production Service No. 274, 554.

Fulton, K. P. (2012). 10 reasons to flip. *Phi Delta Kappan*, *94*(2), 20-24.

Gagné, R. M. (1964). Theories of teaching. In E. R. Hilgard (Ed.), *Theories of learning and instruction*. Chicago, Ill: The University of Chicago Press.

Gagné, R. M. (1974). *Essentials of learning for instruction*. Hinsdale, Ill: Dryden Press.

Gagné, R. M. (1975). *Essentials of learning for instruction* (expended ed.). Hinsdale, Ill: Dryden Press.

Gagné, R. M. (1985). *The conditions of learning* (4th ed.). NY: Holt, Rinehart & Winston.

Gagné, R. M., & Briggs, L. J. (1979). *Principles of instructional design*. NY: Holt, Rinehart & Winston.

Gagné, R. M., Briggs, L. J., & Wager, W. W. (1992). *Principles of instructional instruction design* (4th ed.). Fort Worth, TX: Jovanovich.

Gagné, R., Briggs, L., & Wager, W. (1992). *Principle of instruction design* (4th ed.). Fort Worth, TX: Jovanovich.

Galbraith, J. K. (1967). *The new industrial state*. Boston: Houghton Mifflin Co.

Garrison, D. R. (1989). *Understanding distance education: A framework for the future*. London: Routledge.

Gates, B., Myhrvold, N., & Rinearson, P. (1995). *The road ahead*. NY: Viking.

Gillani, B. B., & Relan, A. (1997). Incorporating interactivity and multimedia into webbased instruction. In B. H. Khan (Ed.), *Web-Based Instruction*. Englewood Cliffs, NJ: Educational Technology Publications.

Goodwin, B., & Miler, K. (2013). Evidence on flipped classroom is still coming in. *Educational Leadership*, *70*(6), 78-80.

Greenberg, B., Medlock, L., & Stepherns, D. (2011). *Blend my learning: Lessons from a blended learning pilot*. Oakland, CA: Envision schools, Google, & Stanford University D. School. Retrieved April 3, 2013.

Hannafin, M., Land, S., & Oliver, K. (1999). Open learning environments: Foundations, methods, and models. In C. M. Reigeluth (Ed.), *Instructional Design Theories and Models* (pp. 115-140). NJ: Lawrence Erlbaum Associates.

Heienich, R., et al. (1996). *Instructional Technology and Media for Learning* (5th ed.). Englewood Cliffs, NJ: Prentice Hall.

Heinich, R., Molenda, M., Russell, J. D., & Smalsino, S. E. (2002). *Instructional media and technologies for learning* (6th ed.). Englewood Cliff, NY: Prentice Hall.

Helle, L., Tynjala, P., & Olkinuora, E. (2006). Project-based learning in post-secondary education: Theory, practice and rubber sling shots. *The International Journal of Higher Education and Educational Planning, 51*(2), 287-314.

Hilgard, E. R., & Bower, G. H. (1975). *Theories of learning.* Englewood Cliffs, NJ: Prentice-Hall.

Hill, J. R., & Hannafin, M. J. (2001). Teaching and learning in digital environments: The resurgence of resource-based learning. *Educational Technology Research and Development, 49*(3), 37-52.

Hoban, C. F., Hoban, Jr. C. F., & Zissman, S. B. (1937). *Visualizing the Curriculum.* NY: Dryden.

Holmberg, C. (1977). *On the pathophysiology of congenital chloride diarrhoea.* To be published.

Hosford, P. L. (1973). *An instructional theory: A beginning.* Englewood Cliff, NJ: Prentice Hall.

Johnassen, D. H. (1995). An instructional design model for designing constructivist learning environments. In H. Maurer (Ed.), *Proceedings of the World Conference on Educational Media.* Charlottesville. VA: Association for the Advancement of Computers in Education.

Jonassen, D. H. (1991). Objectivism versus constructivism: Do we need a new philosophical paradigm? *Educational Technology Research and Development, 39*(3), 5-14.

Jonassen, D. H. (1998). *Computers in the classroom.* Englewood Cliffs, NJ: Prentice-Hall.

Jonassen, D. H. (1999). Designing constructivist learning environment. In C. M. Reigeluth (Ed.), *Instructional-design theories and models: A new paradigm of instructional theory.* Mahawah, NJ: Lawrence Erlbaum.

Joyce, B., Weil, M., & Calhoun, E. (2000). *Models of teaching* (6th ed.). Needham Heights, MA: Allyn & Bacon.

Kagan, S. (1992). *Cooperative learning: Resources for teachers.* San Juan Capistrano, CA: Resources for Teachers.

Kaye, S. B. (1988). The multidrug resistance phenotype. *Br. J. Cancer, 58,* 691.

Kearsley, G. (2000). *Online education: Learning and teaching in cyberspace.* Canada: Wadsworth.

Keegan, D. (1996). *Foundations of distance education* (3rd ed.). NY: Routledge.

Kegan, S. (1985). Co-op co-op: A flexible cooperative learning technique. In R. Slavin, S. Sharan, S. Kagan, R. H. Lazarowitz, C. Webb, & R. Schmuck (Eds.), *Learning to cooperate, Cooperating to learn* (pp. 437–452). New York, NY: Plenum Press.

Keller, J. M. (1983). Motivational design of instruction. In C. M. Reigeluth (Ed.), *Instructional design theories and models: An overview of their current status.* Hillsdale, NJ: Lawrence Erlbaum Associates.

Keller, K. L. (1987). Memory Functional Approach to the Study of Attitudes. *Public Opinion Quarterly, 24* (Summer), 163–204.

Kemp, J. E., & Smellie, D. C. (1989). *Planning producing and using instructional media.* NY: Harper & Row.

Knowles, M. S. (1975). *Self-directed learning: A guide for learners and teachers.* New York, NJ: Cambridge.

Knowles, M. S. (2003). *Modern practices of adult education: From pedagogy to and ragogy.* New York, NJ: Cambridge.

Kozma, R. B. (1991). Learning with media. *Review of Educational Research, 61* (2), 179–211.

Laffey, J., Tupper, T., Musser, D., & Wedman, J. (1998). A computer-mediated support system for project-based learning. *Educational Technology Research and Development, 46* (1), 73–86.

Lasswell, H. D. (1948). The Structure and Function of Communication in Society. In L. Bryson (Ed.), *The Communication of Ideas* (pp. 37–51). NY: Harper & Row.

Marquardt, M. (1999). *Action Learning in Action.* Palo Alto, CA: Davies-Black Publishing.

Mason & A. Kaye (Eds.), *Mindweave: Communication, computers, and distance education* (pp. 63–73). Elmsford, NY: Pergamon Press.

Mayer, R. (1999). Designing instruction for constructivist learning. In C. M. Reigeluth (Ed.), *Instructional design theories and models vol 2: a new parasigm of instructional theory* (pp. 141-159). Mahwah, NJ: Lawrence Erlbaum Association.

McGill, I., & Beaty, L. (1995). *Action Learning: A practitioner's guide* (2nd ed.). London: Kogan Page.

McLellan, H. (1993). Evaluation in a situated learning environment. *Educational Technology, 33*(3), 39-45.

Means, T. B., Jonassen, D. H., & Dwyer, F. M. (1997). Enhancing relevance: Embedded ARCS strategies vs. purpose. *Educational Technology Research & Development, 45*(1), 5-17.

Merill, M. D. (1983). Component display theory. In C. M. Reigeluth (Ed.), *Instructional-design theories and models: An overview of their current status* (pp. 279-333). Hillsdale, NJ: Lawrence Erlbaum.

Milman, N. B. (2012). The flipped classroom strategy: what is it and how can it best be used? *Distance Learning, 9*(3), 85-87.

Moore, J. N. (1990). Mulching blueberries: Fact vs. fiction. Proc. MO. Small Fruit Conf. 59-63.

Moore, M. G., & Kearsley, G. (1995). *Distance education: A systems view.* Belomont, CA: Wadworth publishing.

Moore, M. G., & Kearsley, G. (1996a). *Distance Education.* Belmont: Wadworth Publishing Company. 양영선, 조은순 역(1998). 원격교육의 이해와 적용. 서울: 예지각.

Moore, M. G., & Kearsley, G. (1996b). *Distance education: A systems view.* Belomont, CA: Wadworth publishing.

Morgan, A. (1983). Theoretical aspects of project-based learning in higher education. *British Journal of Educational Technology, 1,* 66-78.

Morgan, C. T., King, R. A., & Robinson, N. M. (1979). *Introduction to psychology* (6th ed.). NY: McGraw-Hill.

Newby, T. J., Stepich. D. A., Lehman, J. D., & Russell, J. D. (2000). *Instructional Technology for Teaching and Learning* (2nd ed, pp. 10-13). Prentice Hall Co.

Nipper, S. (1989). Third generation distance learning and computer conferencing. In R.

Mason & A. Kaye (Eds.), *Mindweave: Communication, computers, and distance education* (pp. 63–73). Elmsford, NY: Pergamon Pres.

Olgren, C. H., & Parker, L. A. (1983). *Teleconferencing technology and applications.* Dedham, MA: Artech House.

Pressey, S. (1926). A Simple Apparatus Which Gives Tests and Scores–and Teaches. *School and Society, 23*(586), 374.

Randall, S. D., Douglas, L. D., & Nick, B. (2013). Flipping the classroom and instructional technology integration in a college–level information systems spreadsheet course. *Education Tech Research, 61*(4), 563–580.

Reigeluth, C. M. (1979). In search of a better way to organize instruction: The elaboration theory. *Journal of Instructional Development, 2,* 8-15.

Reigeluth, C. M. (1983). Instructional design: What is it and Why is it? In C. M. Reigeluth (Ed.), *Instructional design theories and models: An overview of their current status* (pp. 3–36). NJ: Hillsdale, Lawrence Erlbaum Associates.

Reigeluth, C. M. (1987). *Instructional theories in action: Lessons illustrating selected theories and models.* Hillsdale, NJ: Erlbaum.

Reigeluth, C. M. (1999). *Instructional design theories and models: A new paradigm of instructional theory* (Vol. II). Mahwah, NJ: Lawrence Erlbaum Associates.

Reigeluth, C. M., & Curtis, R. V. (1987). Learning situations and instructional models. In Robert M. Gagné (Ed.), *Instructional technology: foundations* (pp. 175–206). Hillsdale, NJ: Lawrence Erlbaum Associates Publishers.

Reigeluth, C., & Stein, F. (1983). The elaboration theory of instruction. In C. Reigeluth (Ed.), *Instructional Design Theories and Models.* Hillsdale, NJ: Erlbaum Associates.

Reiser, R. A., & Dempsey, J. V. (Ed.). (2007). *Trends and issues in instructional design and technology.* Columbus, OH: Upper Saddle River.

Reiser, R. A., & Gagne, R. M. (1983). Selecting media for instruction. Englewood Cliffs, NJ: Educational Technology Publications.

Rekes, G. G. (1996). Using the internet as a tool in a resource based learning enviroment. *Educational Technology, 36*(4), 52-56.

Richard, P., & Strayer, J. F. (2012). Vodcasts and active learning exercises in a 'flipped classroom' model of a renal pharmacotherapy module. *American Journal of*

Pharmaceutical Education, 76(10), 1-5.

Roblyer, M. D., & Edwards, J. (2000). *Integrating educational technology into teaching* (2nd ed.). Upper Saddle River, NJ: Merill.

Rosenberg, M. (2000). *E-Learning: Strategies for Delivering Knowledge in the Digital Age.* NY: McGraw-Hill.

Savery, J. R. (2006). Overview of Problem-based Learning: Definitions and Distinctions. *Interdisciplinary Journal of Problem-based Learning, 1*(1), 1-20.

Schannon, C. E., & Schramm, W. (1954). *The mathematical theory of communication.* Urana Champaign, IL: The University of Illinois.

Schramm, W. (1954) 'How communication works' in Schramm, W. (ed.). The Process and Effects of Mass Communication Urbana: University of Illinois Press.

Schmidt, H. G. (1993). Foundations of problem-based learning: some explanatory notes. *Medical Education, 27,* 422-432.

Scott, A. Q. J. (2011). In-class versus online video lectures: similar learning outcomes, but a preference for in-class. *Society for the Teaching of Psychology, 38*(4), 298-302.

Scriven, M. S. (1967). *The methodology of evaluation.* In Perspectives of curriculum evaluation (AERA Monograph series on curriculum evaluation, No. 1). Chicago: Rand McNally.

Seels, B. B., & Richey, R. C. (1994). *Instructional Technology: The definition and domains of the field.* Washington, DC: Association for Educational Communications and Technology.

Shannon, C. E., & Schramm, W. (1964). *The Mathematical Theory of Communication.* Urbana: The University of Illinois Press.

Slavin, R. E. (1978). Student teams and achievement division. *Journal of Research and Development in Education, 12,* 39-49.

Slavin, R. E. (1990). *Cooperative learning: theory, research, and practice.* Englewood Cliffs, NJ: Prentice Hall.

Smaldino, S. E., Lowher, D. L., & Russell, J. D. (2011). *Instructional Technology and media for Learning* (8th ed.). Pearson Education, Inc, Allyn & Bacon. 이미자, 권혁일, 김도현 역(2011). 교육공학과 교수매체. 서울: 아카데미프레스.

Smaldino, S. E., Russell, J. D., Heinich, R., & Molenda, M. (2005). *Instructional technology and media for learning.* Columbus, OH: Pearson.

Smith, P. L., & Ragan, T. J. (1993). *Instructional design.* NY: Merrill.

Song, S. H. (1998). *The effects of motivational adaptive computer-assisted instruction developed through the ARCS model.* Unpublished doctorl dissertation, College of Education, Florida State University, Tallahassee, Florida, USA.

Stallard, S., & Kaye, S. B. (1989). Reversal of resistance in the breast cancer cell line MCF-7/AdrR was most effective with the modulating agent quinidine. *Br. J. Cancer, 60,* 500.

Starrett, D. (2010). *Course Redesign: What is it? Why do it? Getting Faculty Buy-in.* from https://cstl.semo.edu/redesign/StateCourseRedesign102610Starrett.pdf

Strayer, J. F. (2012). How learning in an inverted classroom influences cooperation, innovation and task orientation. *Learning Environments Research, 15*(2), 171-193.

Thomas, J. W. (2000). *A review of research on project-based learning.* available at http://www.autodesk.com/foundation.

Twigg, C. A. (2003). Improving learning and reducing costs: New Models for Online Learning. *EDUCASE review, Sep-Oct,* 28-38.

van Merriënboer, J. J. G. (1997). *Training Complex Cognitive Skills: A Four Component Instructional Design Model for Technical Training.* Englewood Cliffs, NJ: Educational Technology Publications. 김동식, 노관식, 김지일, 김경 역 (2005). 인지과학적 구성주의 기반의 4C/ID모형. 서울: 아카데미프레스.

van Merriënboer, J. J. G., & Kirschner, P. A. (2007). *Ten steps to complex learning.* NY: Taylor & Francis.

Vygotsky, L. S. (1978). Mind in society. *The development of bigber psychological processes.* Cambridge, MA: Harvard University Press.

Westley, B. H., & MacLean, Jr. M. S. (1957). A Conceptual Model for Communications Research. *Journalism & Mass Communication Quarterly, 34*(1), 31-38.

Winn, W. (1993). Instructional design and situated learning: Paradox or partnership? *Educational Technology, 33*(3), 16-21.

Zhang, S., & Fulford, C. P. (1994, July-August). Are interaction time and psychological interactivity the same thing in the distance learning television classroom? *Educational Technology, 34*(6), 58-64.

찾아보기

《인 명》

《내 용》

저자소개

박은숙(Park Eunsook)
이화여자대학교 교육공학 학사
미국 그랜드래피즈 침례신학대학원 종교교육학 전공 석사
고신대학교 교육공학 전공 박사
전 미국 칼빈 대학교 초빙 객원교수
    울산과학기술대학교(UNIST) 선임연구원
    계명대학교, 한동대학교 초빙교수
현 고신대학교 교양학부 조교수

송윤희(Song Yunhee)
이화여자대학교 교육공학 전공 석사 및 박사
전 한밭대학교 교양학부 강의전담교수
    한국교육학술정보원 연구원
현 안양대학교 교양대학 조교수

유정아(Yoo Jungah)
이화여자대학교 교육학 학사 및 석사
이화여자대학교 교수이론 전공 박사
전 한국교육개발원 연구원
    가톨릭대학교 교수학습센터 책임연구원
    아주대학교 교수학습지원센터 연구교수
현 연세대학교 교육개발지원센터 선임연구원

교육방법 및 교육공학
Educational Method and Technology

2015년 9월 10일 1판 1쇄 발행
2017년 9월 15일 1판 3쇄 발행

지은이 • 박은숙 · 송윤희 · 유정아
펴낸이 • 김 진 환
펴낸곳 • (주) **학 지사**

　　　04031 서울특별시 마포구 양화로 15길 20 마인드월드빌딩 5층
대표전화 • 02) 330-5114　　　팩스 • 02) 324-2345

등록번호 • 제313-2006-000265호

홈페이지 • http://www.hakjisa.co.kr
페이스북 • https://www.facebook.com/hakjisabook

ISBN 978-89-997-0772-8 93370

정가 15,000원

이 도서의 국립중앙도서관 출판시도서목록(CIP)은 서지정보유통지원시스템
홈페이지(http://seoji.nl.go.kr)와 국가자료공동목록시스템(http://www.nl.go.kr/kolisnet)
에서 이용하실 수 있습니다.
(CIP제어번호: CIP2015022838)

교육문화출판미디어그룹 **학 지사**
학술논문서비스 **뉴논문** www.newnonmun.com
심리검사연구소 **인싸이트** www.inpsyt.co.kr
원격교육연수원 **카운피아** www.counpia.com